U0943508

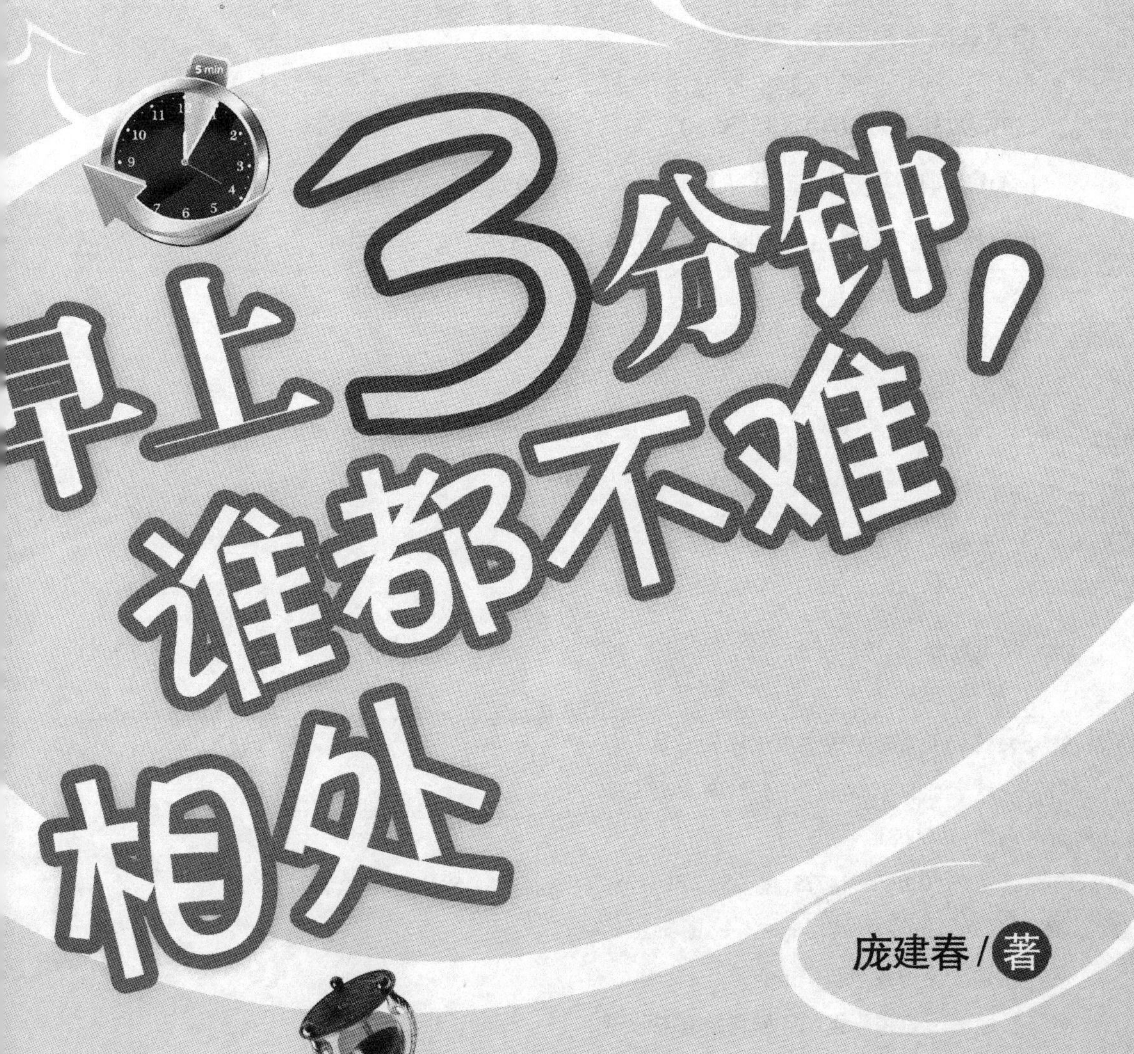

庞建春/著

北京理工大学出版社
BEIJING INSTITUTE OF TECHNOLOGY PRESS

图书在版编目(CIP)数据

早上3分钟,谁都不难相处/庞建春 著.—北京:北京理工大学出版社,2011.6
ISBN 978-7-5640-4518-0

Ⅰ.①早… Ⅱ.①庞… Ⅲ.①人际关系学-通俗读物　Ⅳ.①C912.1-49

中国版本图书馆CIP数据核字(2011)第085180号

出版发行/北京理工大学出版社
社　　址/北京市海淀区中关村南大街5号
邮　　编/100081
电　　话/(010)68914775(办公室) 68944990(批销中心) 68911084(读者服务部)
网　　址/http://www.bitpress.com.cn
经　　销/全国各地新华书店
排　　版/北京精彩世纪印刷科技有限公司
印　　刷/保定市中画美凯印刷有限公司
开　　本/710毫米×1000毫米　1/16
印　　张/12.5
字　　数/162千字
版　　次/2011年6月第1版　2011年6月第1次印刷　　责任校对/周瑞红
定　　价/22.00元　　责任印制/边心超

前言　会技巧就没有难以相处者

你遇到过难以相处的人吗？相信对这个问题几乎所有人都会给出肯定的回答。与人说话不留情面、硬邦邦；不喜欢与人交流，总是自己闷头自说自话；为人高傲，一句不合就要大吵大闹……随着工作和生活中的各种压力不断增加，人们心中的紧张感和挫折心态越来越明显。反映在人际交往中，就是难相处的人越来越多。难相处的人处处都有，于是，一个严峻的问题就摆在了我们的面前：怎么和这些难相处的人保持顺畅交流？

“不能有效沟通不是我的错，是那些难相处的人的问题。”有些人抱有这种看法。的确，沟通不畅很大程度上是由难相处自身原因造成的，但对于需要靠交流来协调工作、生活的我们来说，这却不是一个能够让你自己放弃这种交流的原因。公司中，需安排一个固执的员工去完成某项任务，你会因为他的不好交流就放弃这个任务吗？当然，也许你会想到换人，或者寻找替代者，但事实是，很多时候我们都没有那么多挑选的余地。要想让你的工作、生活进展顺利，你就必须学会与那些难以相处者交往。

与不好相处者交往是一种技巧，更是一种技能。或者迂回说服，或者抓住调动其积极性的关键……不管用什么方法，只要你能够让交流变得顺畅起来，让对方更容易为你所影响，听从你的管理，那么你的交际目的就已经达到了。在这种技能的帮助下，在你的交际名录中就不会有所谓的“难以相处者”存在。

日本寿险业的奇迹原一平就是一个很能与难以相处者打交道的人。一次，他想通过自己所在的明治保险公司的上级股东、三菱银行总裁串田万藏来推广自己的保险业务。可众所周知的是，串田万藏是一个非常不好说话的人，要请他帮忙非常困难。原一平如何才能实现自己的目的？

原一平按照规定求见串田万藏。在会面后，他强自压抑着内心的紧张开始讲述自己的计划。果然如人们所想，串田万藏非常无礼地一口拒绝了原一平的请求，而且还非常蔑视地说："推销保险难道是我应该做的？再说，那东西能行?"事情发展到这一步就几乎没有挽回的可能了，可是原一平却没有放弃。他勃然大怒，狠狠地"训"了串田万藏一顿："你竟然把保险称作'东西'？公司不是一再地告诉我们推销人寿保险是神圣的工作吗？我要立刻回公司去，向所有员工宣布。让他们看看，他们努力奋斗的工作在您眼里到底是什么！"说完，他就怒气冲冲地冲了出去。会客室里只剩下还在发呆的串田万藏先生。

原一平丢掉了自己的工作吗？当然没有。他不仅没有被辞退，相反还获得了串田万藏的赏识，被串田万藏请到家里热情招待。

原一平之所以能够"说服"串田万藏，获得他的青睐，就是因为他抓住了与串田万藏这类人打交道的关键点：他相信对方能够原谅自己的无礼，也相信对方能够体会出自己对工作的热爱，进而让自己在对方心里留下良好的印象——这种印象能够让对方变得好说话起来。

由原一平的例子看出，学习如何与难以相处者相处的技巧是十分重要的。既然是重要的技巧，你就应该认真学习，仔细揣摩。在本书中，我们通过大量鲜活的实例和清晰的图表把与难以相处者交流的注意事项及应用技巧进行了详细说明。相信通过本书，你一定能让自己的社交水平大幅提升！

目录

CONTENTS

想要和难以相处者共事，最重要的一点是先理解对方。对方之所以难缠，很大的原因应该归咎于你自己的默许和纵容。但每一个难以相处者背后，都有各自难以言说的原因。因此，主动去理解难以相处者，了解其背后真正的原因所在，并且主动承担起自己的责任和错误之处，及时采取相应措施，对棘手的问题进行妥善管理，才能使难以相处的人变成你最高效、最愉快且最忠诚的员工。

第二章 进行高效沟通 /51

“你可以有聪明的想法，但如果你无法让别人明白你的想法，那你的大脑就不会让你有任何成果。”这就是高效沟通的魅力。与难以相处者共事，最重要的一点就是与他们进行高效沟通。这就需要培养并提高你的沟通技能，让你在沟通中更有说服力和影响力。

第三章 协调冲突 /105

与难以相处者交往，冲突在所难免。关键在于你要学会协调、化解这种冲突，甚至利用冲突来实现你的交际目的。当然，防止自己与难以相处者发生冲突也是必须注意的方面，毕竟“和为贵”才是交流的最佳途径。

第四章 管理难以相处者 /149

与难以相处者交流本来已经很头疼，可如果你还需要对他们进行管理，是不是就更加困难？天下没有管不了的员工，只有不会管理的上司。能否把这些难以相处者纳入麾下，使他们顺利地将自己的能力全部发挥出来，是你需要思考的问题。舍弃与对抗永远是失败的管理。所以，你要学会使用适合自己的管理方式。总有一天，你会发现那些难以相处者并不一定不是好员工。

第一章 理解难以相处者

想要和难以相处者共事，最重要的一点是先理解对方。对方之所以难缠，很大的原因应该归咎于你自己的默许和纵容。但每一个难以相处者背后，都有各自难以言说的原因。因此，主动去理解难以相处者，了解其背后真正的原因所在，并且主动承担起自己的责任和错误之处，及时采取相应措施，对棘手的问题进行妥善管理，才能使难以相处的人变成你最高效、最愉快且最忠诚的员工。

1. 转变自身心态

面对难以相处者，有人会选择举手投降，最后绝望地把所有问题归咎于对方令自己不满的性格之上；然而也有人会选择主动迎战，通过自己的聪明才智化解掉所有危机，最后不但和谐地处理了问题，而且还赢得了人心。

在这个过程中，转变自身心态是首要任务。下面让我们先看一个小故事。

一只小猪、一只绵羊和一头奶牛，被关在同一个畜栏里。一次，牧人捉住小猪，它大声号叫，猛烈地抗拒。绵羊和乳牛讨厌它的号叫，便抗议道："烦死了！他常常捉我们，我们并不大呼小叫。"小猪听了回答道："他捉你们，只是要你们的毛和乳汁，但捉住我却是要我的命啊！"

与那些难以相处者沟通不畅，往往就是因为彼此所处的立场、环境、思想等不同。因此，如果我们能转变心态，学会站在对方的立场思考，你才能真正理解难以相处者的感受，才能知道他们到底在想什么，进而找到解决问题的最佳方法。

在具体的交往中，你可以从以下几方面努力。

1）对事不对人，将人和行为事件分开

也许你无法改变一个人的本性，但可以通过自己的态度和行为来改变这个人处理事情的方式和方法。因此，在工作中只有将人和行为事件分开，对事不对人，才能更好地管理自己的情绪，才不会因为对某人的偏见而影响到自己做事情时的判断力和执行力。否则，一旦你将自己当成是受害者，就会把处理事情的权利交给难缠者，使自己陷入悲观中。更可怕的是，你或许会因为一时冲动而做出不恰当的举动，这无益于顺利的沟通。

三思而后行才是最好的选择。

只有对事不对人，分清楚自己应该应对的目标，对现实情况进行深思熟虑后再做决断，这才是对难以相处者最好的、最明智的回应。

2）发挥个人影响力

面对难以相处者，如果你刻意强调自己的主张，而不顾客观实际，无疑会激起他人的反对和抗拒。这会让整件事情走向不可挽回的局面，不如双方平心静气坐下来，通过协商和合作的方式，让对方参与到对这件事情的决策中来。

在这个过程中，你要充分发挥出自己的个人影响力，采取一系列可以促成合作的方法、技巧，让自己的人格魅力影响到对方的行为。放下争端，共同解决难题才是终极目标。

要发挥自身的个人影响力，需要做到以下几点。

（1）无论外界的刺激如何，一个人都可以控制自己的反应。

（2）寻找到高勇气与高体谅之间的平衡，才能真正体现魅力。

（3）相信原则性，并且按照原则去办事。

（4）扬长避短，不当受害者。

（5）永远不离开舞台，并且争取站在舞台中央。

下图为这五个方面的形象展示。

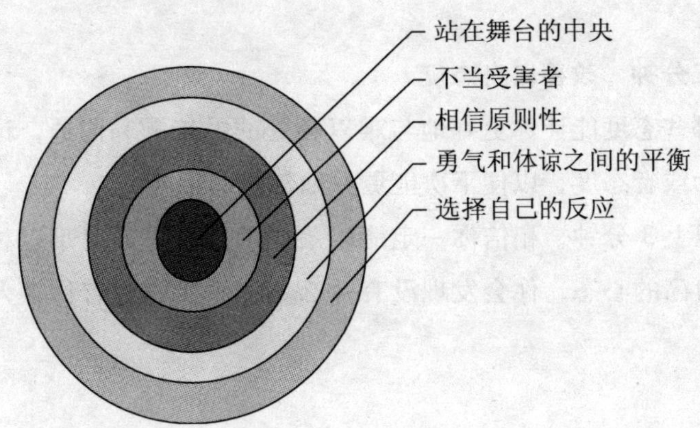

个人影响力的五个方面

3）承担起属于自己的责任

面对难缠者，你应先从自身发现问题，检视自己的行为有无出错的地方，以及自己应该做何种改变才能使目前的境况有所好转。例如，是否因为你自身的消极应对，才使他们变得更加难缠？你是否在用盛气凌人的姿态去威逼对方，将其推到死胡同，使其只能拼死一搏？还是你指桑骂槐使他们心生怨恨，又或者因为你的面部表情、语音语调的变化似乎暗有所指，而伤害了对方，使对方变得更难缠？总之，因为你不恰当的态度，会使难缠者更加难缠。所以说，勇敢承担起自己的责任，可以马上终止此事情目前难以处理的状态。越是推诿，就越会没有头绪。

从上面可以看出，面对难以相处者时，转变自身心态十分重要。接下来，你要做的就是加强这种能力。建议你每天早上用3分钟完成以下活动。

◎第一分钟　确定心态

深呼吸，让自己冷静下来。确定自己应该以什么样的心态面对难以相处者。检视自己是否做好了与对方沟通的充分准备，时刻告诫自己要冷静，要客观评价整个事件。

◎第二分钟　培养人格魅力

扮演好管理者的角色，回想自己具有哪些优秀的人格魅力，如威仪、热情、健康、智慧、爱心等。培养这些人格魅力，以更好地发挥自己的影响力。

◎第三分钟　改善自身态度

确定哪些态度能让你更好地与难以相处的员工顺利沟通，记录自己的不适宜行为或者态度，以便下次能更好地与他们相处。

经过以上3分钟，相信你一定能以最好的态度去面对难以相处者。当你转变了自己的心态，你会发现没有什么不能解决，没有什么人是难以相处的。

2. 建立有效机制

和难以相处的人共事，想要理解难以相处的人，就要建立一个有效的机制。就像是机械流水线一样，当遇到难缠的人和事时，直接把其拖到这个机制里面，通过对每一个关卡进行严格把控，及时让该处理的事情得到合理的协商解决。

摩托罗拉公司就有一套非常严格的沟通机制。公司所有管理者办公室的门都是绝对敞开的，任何员工在任何时候都可以直接进去，可与任何级别的上司平等交流。每个季度第一个月的1~21号，中层管理者都要与自己的下属和主管进行一次一对一的关于职业发展的对话，回答“你在过去三个月里受到尊重了吗”之类的6个问题。此外，摩托罗拉公司还为每一位员工准备了充分表达自己意见的途径。比如，“我建议”，即可以以书面形式提出对公司各方面的意见和建议；“畅所欲言”，这是一种保密的双向沟通渠道，即员工可以隐去姓名对公司的问题进行评论或投诉；“总经理座谈会”，即每周四召开座谈会，员工提出的大部分问题都可以当场得到答复，7日内对有关问题的处理结果予以反馈；“589信箱”，当员工的意见通过以上渠道仍无法得到充分、及时和公正的解决时，可以通过这个信箱，直接写信给人力资源总经理。

正因为摩托罗拉公司注重架起组织内部员工之间的沟通桥梁，能够及时掌握员工的心理动态，才能够在全球通信业名列前茅。

面对难以相处者，如果你也能建立起一种良好的沟通机制，那么，不论何种情况，你都能应付自如了。

建立有效的应对难以相处者的沟通机制是一个循序渐进的过程，如同一个倒立的金字塔，要一步一步达到目标。这一般包括三个部分，如下图所示。

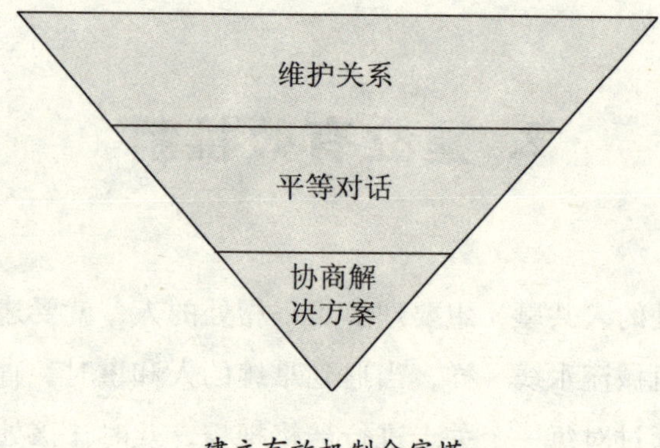

建立有效机制金字塔

1）维护自己和对方的基本关系不变

一旦某个员工因某件事情而变得难缠起来，你们之间的关系就会非常糟糕。引起这一境况的原因有许多，如潜藏在内心的不满、愤怒之情长期得不到抒发而引发矛盾；因为不被信任或者与你共事使他们感到紧张等。这些往往是管理者最容易忽视的基本人际关系问题。

因此，为解决问题，你首先要开展修补关系的建设性对话，但至少得保证你们彼此之间的关系能够缓和到可以开展平等对话的程度。在这个过程中，你应调整心态，以积极的方式去沟通，而非消极对待。下表分别描述了积极与消极这两种心态。

积极心态		消极心态	
认为我可以改变他们的行为	积极心态	消极心态	认为他们永远不会改变
认为我也不是无可指摘的			认为这都是他们的错
理解他们的动机			认为他们不可理喻
认为我可以和他们一起解决问题			认为我无能为力
拒绝做一个被动的受害者			愤怒、沮丧

2）掌控对话过程，与对方进行有效谈话

进行有效的对话在应对难以相处者这一机制中是最重要的一步。所谓有效的对话，就是双方均能够直截了当地了解对方说话的意图，能够进行有效地信息交换，为下一步寻找到合理的解决方案奠定基础。如果达不到这个目标，那就是失败的沟通，也就更谈不上促进相互之间的理解了。更重要的是，有效的对话还应深入一些，能在同样的讨论范围之内挖掘出更为重要的信息，进而揭示出更深层次的关系，真切理解对方的内心感受。

要注意的是，在与难以相处者对话的时候，切忌展开滔滔不绝的长篇大论。你越是不间断地阐释自己的主张，就越容易引起对方的反感。如果一方或者双方都在忙着阐释自己的理论，而忽视了倾听，最终可能会以争吵结束交谈。

3）协商一致，寻求解决之道

这是最后一个关键点，同时也是应对难以相处者机制中最重要的目标。当双方取得了平等对话的机会之后，就需要对等交流、协商，以寻求恰当的解决之道。前面两个阶段的努力，都是在为有效解决问题做前期筹备。

在这一阶段，管理者要做的是协调好各个方面的利益关系，构建出一个满足所有人需求的解决方案，以求得利益最大化。所以，在这个过程中，需要集思广益，让所有的人都参与到其中，包括你觉得难以相处的人，只有这样才能保证公平、公正的原则性。同时，双方应该放开心态，勇于打破陈旧的思想和做事方式的束缚，不断创新，不拘泥于小节，和平友善地找到一种具有可持续性的解决方案。

建立有效的沟通机制的目的在于有效地解决问题。接下来，你要做的就是建立和运用这一机制。建议你每天早上用3分钟完成以下活动。

◎第一分钟　营造一种自然的环境

如消除自己对难以相处的员工所持的成见，告诉自己能改变对方，用你的真心、诚心去打动对方，消除你们之间的矛盾，建立一种平等的关系。

◎第二分钟　倾听和提问

尽量让对方多说，同时你要做好准备，挖出更深层的信息，并把双方谈话引向有效解决问题的方向。放开心态，与对方共同制定解决方案或制订工作计划，让双方取得共赢。

◎第三分钟　运用机制

运用建立起来的机制，并加以跟踪和监督，以便随时改进。

在这 3 分钟里，应用这一机制最为重要。当然，这需要你在工作中不断总结和学习。下图为你提供了应用这一机制的具体步骤和注意事项，可加以借鉴。

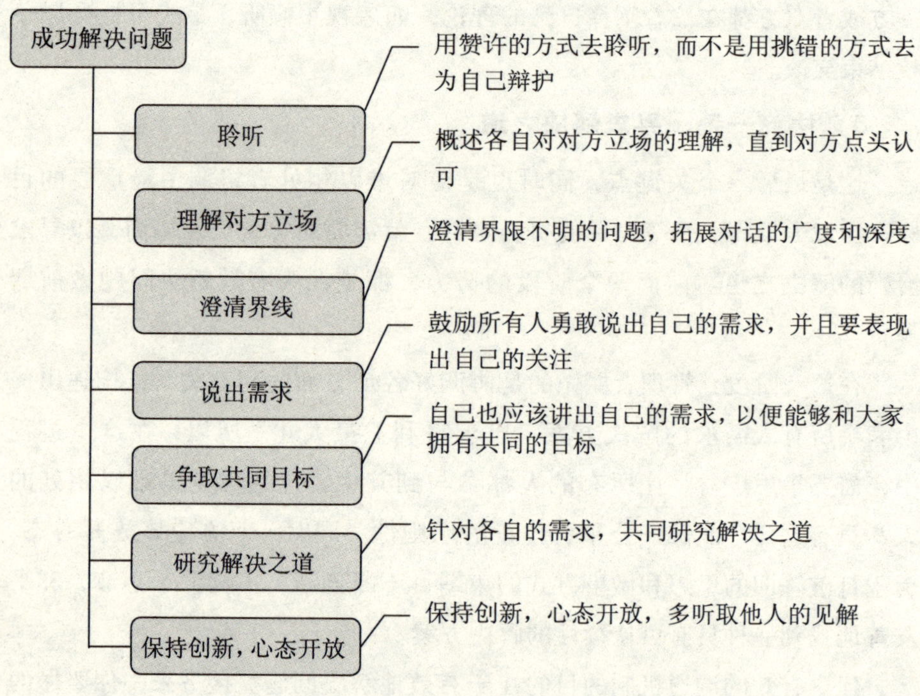

应用应对难以相处者机制的步骤和注意事项

3. 加强能力

管理者自身一定要有过“硬”的交际本领和与难缠的人相处的技巧和能力，只有这样，当你遇到难缠的员工时，才能轻松应对，进而解决问题。

让我们看一下世界首富比尔·盖茨与员工是如何相处的。

比尔·盖茨很尊重那些敢于反对他、冒犯他的人。他不喜欢人人都当应声虫，他有时甚至会装作反对某人的意见，以试探对方是否真的对自己的意见有把握。

1995 年，当比尔·盖茨宣布不涉足 Internet 领域产品的时候，很多员工提出了反对意见。其中，有几位员工直接发邮件给比尔，指出他的决定是一个错误的决定。比尔·盖茨看到邮件后，并没有生气，而是花了很多的时间与这些员工见面、沟通，最后他听取了员工的意见，承认了自己的过错，将公司又向前推进了一大步。后来，那些批评比尔·盖茨的人不但没有受处分，而且得到重用，后来都成了微软公司重要部门的领导。

可见，每一位优秀的管理者都有很强的与员工相处和沟通的能力，正因为如此，企业才能聚集更多的人才，所以，面对难以相处者，你必须加强自己的沟通能力。

对此，你可以从以下三个方面加以改进（如下图所示），这也是提高管理者与难缠员工相处和沟通能力的有效途径。当然，这三个方面需紧密结合，而且要达到熟练运用的程度，并且需要一定的耐心、毅力和管理者持续不断的努力。

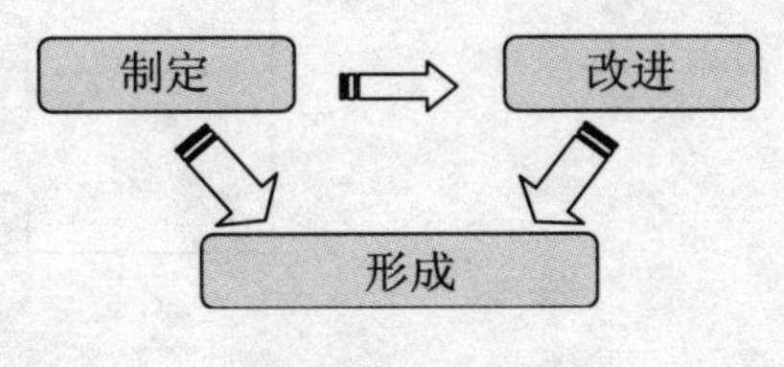

加强能力关系图

1）制定相关沟通机制或流程，让自己有路可循

面对难相处的人，你有可能会反应过度，大发雷霆，有时甚至会寻衅滋事，结果将小事变大。之所以会如此，很大程度上就是因为你不知道从哪下手，没有找到解决矛盾的方向，缺乏一个明确的“路线图”。换句话说，就是没有一个可以供你遵循或者模仿的处理方法或者模型。

这就是管理者要首先学会制定沟通模型的原因。这对于“难缠”的人际互动的成功尤为重要。实际上，这些模型或机制可以帮助你更轻松地解决一些类似的或者更为复杂的人类活动或人际互动。你学会越多可供遵循的模型，你就越有办法应对那些难以相处者。

当然，在你制定相关的模型时应注意，你最终的目的是发现问题，找到隐藏在员工“难缠”行为背后的深层原因，进而加以有效解决。

这里有一个“六步模型”（如下图所示），当管理者遇到难相处的人时，不妨借用这个模型，当然，你还可以根据自己的实际情况加以改进。

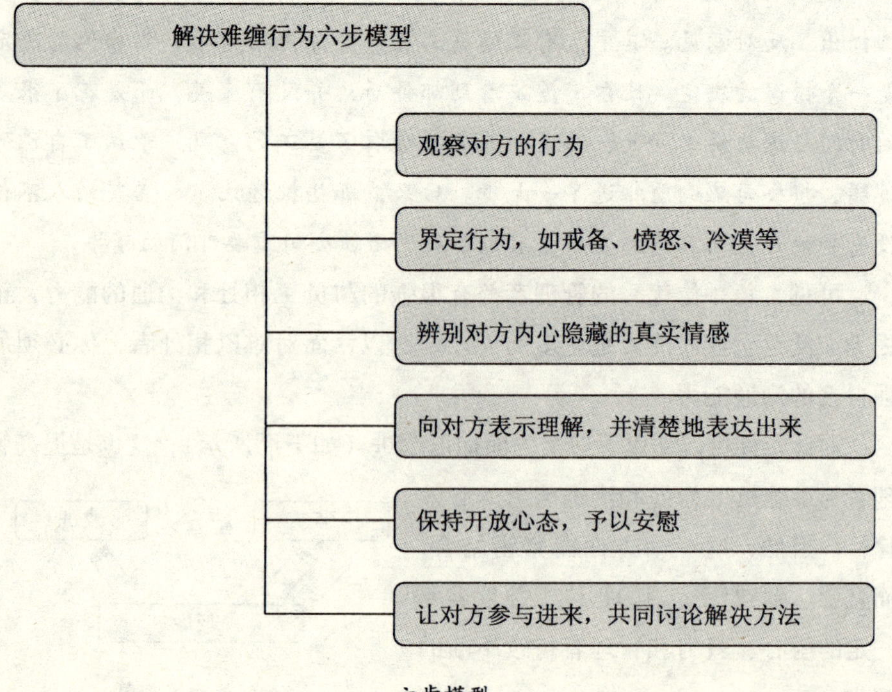

六步模型

2）掌握人际互动技巧，并加以改进

其实，在你制定这些人际互动的机制或者模型的同时，就是在学习应对难缠者的技巧。在这个过程中，你会发现你已经获得了与自己的个性相得益彰的互动技巧。但是有些技巧不一定是最合适的，你需要改进，以便能更好地与他人沟通。

这些技巧包括很多方面，如你的措辞、你的提问方式，以及如何运用身体语言让对方放松下来等。要注意，使用的这些技巧应在沟通模型的框架之内。值得注意的是，沟通模型和技巧的学习需要一定时间的慢慢积累，只有坚持下去，并尝试着使用这些技巧，你才能运用自如。

那么，与员工沟通时，具体要如何做呢？有哪些技巧可遵循呢？下表列出的一些技巧可供借鉴。

技　巧	说　明
措辞技巧	（1）语言通俗易懂，简单有效，不要使用粗俗字眼，不要说伤害、侮辱对方的言语 （2）多用“我觉得……，同时……”“我希望……，同时……”“××，请你……”“××，麻烦你……”等语句，让对方感受到你的尊重。例如，“你觉得是什么原因使你出现这种错误呢？”“你认为怎样做才能扭转现在这个局面呢？”“我希望你能尽快解决这个问题”
提问技巧	（1）不要用“yes”或“no”结束提问，最好在一定的范围内提出具体事项 （2）不要问“明白吗”“知道吗”之类的问题 （3）想了解对方时，用开放式提问方式。例如：“我想听听你的想法。”“对于这件事，你是如何理解的？” （4）多采用引导式提问方式
发挥肢体语言的优势	（1）使用开放式肢体语言：以开放式的态度与对方进行互动，让对方感受到正面的力量，鼓励他们放松心情、吐露心声 （2）开放式肢体语言包括：手臂与腿均不交叉，手掌张开。显露手腕内侧；在身体方面，脚与胸面向对方；脸不要被手、头发或深色眼镜所遮住；身体稍微向对方倾斜，但是要抬头挺胸，不要弯腰驼背

3）将相关规程、技巧变成自己的技能

能力建设的最后一步就是能力培养，即将那些规程和技巧融入到实际工作中，并逐渐使其变成为你自身的一种技能。实践的越多，你就会做得

越好。最终，你会发现自己已经能够镇静、优雅的应付各种难以掌握的形势，而且能很出色地化解各种人际矛盾。

上面，我们知道了如何加强自己的人际互动能力。接下来，你要做的就是检验自己这种能力是否有所增强。建议你每天早上用3分钟完成以下活动。

◎第一分钟　建立沟通模型

在脑海中回顾一下以往建立的一些沟通模型，问问自己还有哪些地方需要改进？最近处理这类问题时，是否建立了新的模型。如果还没有，马上去做。

◎第二分钟　改进沟通技巧

进一步学习和总结一些沟通技巧和方法，如怎样提问才能得到你想要的信息；对于不同类型的难缠者应用了哪些技巧，把这些记录下来，并嵌入到自己的脑海里。

◎第三分钟　运用到实践中

对自己要有自信，将学到的东西积极运用到实践中，总结每次处理问题时的优缺点，并不断加以完善。

经过以上3分钟的锻炼，相信你一定可以自信地“迎战”每一位难相处者。把握住每一次与难相处者沟通的机会，并努力成为与难相处者共事的行家里手，会大大增强你的管理能力，让你在当今挑战重重的职场上所向披靡。

4. 解决深层根源

与难相处者沟通时，不应被其表面的难缠行为所“欺瞒”，而应深入了解其行为背后的深层根源，“治标”的同时更要“治本”。如果管理者不能从更深层次反思这些员工出现的行为动机，就无法根本解决问题。

在京瓷公司，职工之间、各部门之间经常出现争执，“不是那样的”“不对，应该这样”，等等，莫衷一是。比如，关于新产品的交货期、价格等，如果制造部门说是A，那么营业部门反驳是B。稻盛和夫在当总经理的时候，各部门之间一旦发生争执，出现不能下结论的事情时，他们就会找稻盛和夫作最终裁决。于是，稻盛和夫在倾听双方陈述的理由后，得出“应该这样、这样更好”的结论时，大家都表示信服，好像刚才唾沫横飞、争论不休都是假的，又都轻松而愉快地返回工作岗位。

对此，稻盛和夫说：“问题得到解决，不是因为地位最高的权威者一言九鼎，而是因为从远离利害关系的第三者立场出发，冷静地解析问题，发现多数纠纷的原因其实是极其简单的，我指出了这些问题并提出解决方案。”他认为，解决纠纷要用干净的眼睛看待问题，不应被细枝末节所惑，而要着眼于问题的“根本”。

可见，面对难以相处的员工，管理者有责任、有义务去深入探讨引起他们这些难缠行为的深刻根源，从而及时做出“诊断”，开出“药方”，进而实施方向正确、手段和效果良好的管理模式。

那么，面对难以相处者，到底该如何解决其深层的根源问题呢？可以从以下图所示的三方面着手。

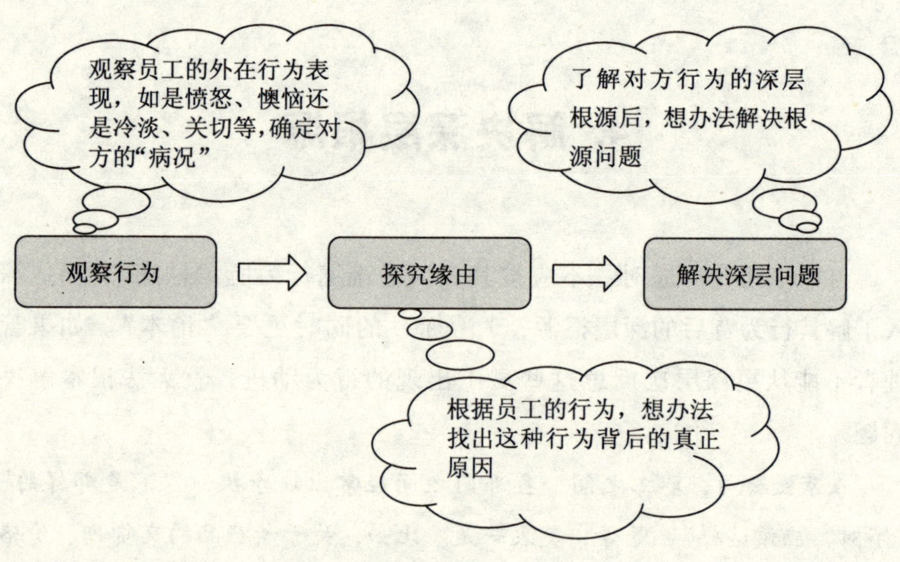

解决深层根源问题三步走

1）观察对方的行为，确定症状

管理者常犯的一个错误，就是错把表面的行为举止视为问题的所在。事实上，外在行为只是一种表征。人们表现出来的行为是内心深层情感的反映，而这种情感的背后往往隐藏着某些深层的原因。例如，某员工表现得很愤怒，可能是因为他工作失败或者受到了不公平待遇等。

所以，面对难以相处者，你首先要识别他的行为，探讨这些行为背后的根源问题。只有了解这些行为背后的根源问题，了解了他们内心的情感需求，你才能更加理解对方的行为，问题也就迎刃而解了。当然，在这个过程中，你必须遵循客观事实，不要有偏见，以便让对方打开心扉，积极地参与进来。否则，事情会变得越来越糟。

通常情况下，某些“难缠”行为一般有如下原因，如下表所示（只列出部分原因）。

行　为	深层原因（根源）
冷漠	（1）对自己的工作或者某件事情没有兴趣或者失去了动力 （2）工作压力太大或者例行公事太多、太繁杂 （3）与同事相处不融洽 （4）做出的努力没有被认可
愤怒	（1）因为失败或者工作不顺利而有很强的挫败感 （2）感觉在工作中被压榨或者受到不公平待遇 （3）没有得到他人的尊重 （4）没有满足自己的需要
抗拒	（1）想要更多的自主权和发言权 （2）对管理层心存怀疑，不理解，或者与其意见不一致 （3）没有清晰的工作目标
责怪、抱怨	（1）缺乏安全感 （2）告诉他人“我很坚强” （3）很在意他人对自己的评价 （4）担心自身的职业发展
戒备	（1）被他人（同事、客户、上级等）错怪 （2）受到同事的威胁 （3）保护自己的名声 （4）感觉受到他人的攻击
恐惧	（1）受到他人威胁 （2）工作出错 （3）工作环境或工作职责发生改变
失望	（1）被他人误解 （2）自己的建议不被采纳 （3）被他人怀疑，感到不被信任 （4）自己的计划或安排被打乱 （5）未得到高层的重视

2）探究缘由

若某位员工出现难缠行为，你必须想办法去了解产生这种行为背后的驱动因子：是恐惧、关切，还是需求。例如，你正在参加一个关于项目延迟的会议，团队中的一位成员生气地说：“如果他能按时提供我们需要的物料，我们就不会延期了。”这种愤怒是因为他没有及时收到所需物料，进而感到沮丧和挫败。这时，你应该向他表示你的理解，挖出愤怒的根源，而不能停留在症状的表层。具体你可以说："所以，你之所以沮丧是因为你没有及时收到所需物料吗?"这将引发有关于提高物料采购效率的讨论，自然也就化解了与对方的矛盾。

3）解决深层问题

在前两步的基础上，你已经了解了员工产生难缠行为的原因，那么接下来要做的就是"对症下药"，彻底解决问题。

例如，某员工对工作很冷淡，通过沟通，你了解到该员工实际上工作能力很强，但是因为缺乏成就感，一直得不到重视，才会有这样的表现。那么，作为管理者，你就应该从这里出发，帮助他设定奋斗目标，与员工达成一种共识，让员工知道怎样才能称得上有成就。这样，在一段时间内，该员工就会重新燃起对工作的热情。

现在，我们知道了如何解决深层问题，接下来要做的就是加强这种能力。建议你每天早上用3分钟完成以下活动。

◎第一分钟　甄别员工的行为

与员工沟通，仔细观察难以相处者经常出现的一些行为表现，甄别产生这些行为的原因，记录下来。你总结的越多，面对难以相处者时就越容易看清对方的心理。

◎第二分钟　深入沟通

根据员工的表现或者某些话语，透过其表面的行为，进行更深入地沟通。使用一些沟通技巧，让自己能轻松地找到问题的要害。

◎第三分钟　解决问题

用双方都满意的方法解决问题，然后"跟踪"对方，观察是否彻底解决问题。

总之，一切外在的表现均源于内心的情感。与难以相处者沟通，要"内外兼具"，要透过现象看本质。解决了深层根源问题，难缠员工才会变"乖巧"。

5. 化解对抗

一般情况下，面对难以相处者，你总是很难控制住自己的情绪，不知不觉地就会掉进对方的对抗“游戏”中——他们提高嗓门，你也跟着粗声暴气；他们咄咄逼人地提出要求，你也咄咄逼人毫不让步；他们威胁你，你也反过来指责他们。这样的对抗，只能让气氛更紧张，不能解决任何问题。所以，此时你应该通过改变自身的游戏方式来改变对方。

美国历史上第一位享有国际声誉的科学家和发明家本杰明·富兰克林对于如何面对难以相处者、如何控制自己的情绪说过这样一段话：“我定了一条原则，避免与别人在情绪上发生直接冲突，避免说绝对的话。我不用那些代表绝对的词和表达方法，如肯定、毋庸置疑等。取而代之的是我感觉、我理解、我想。当别人做出我认为错误的断言，我不会幸灾乐祸地马上反驳，而是对他说，在某种情况或环境下，他的说法可能是正确的，但现在的情况不是这样。这种作风让我尝到了甜头，我参与的谈话都变得很愉快。我以谦逊的态度提出的意见让人很容易接受；当我错了的时候，很少受到嘲笑；当我碰巧对了的时候，很容易让别人放弃错误的立场来支持我。最初我强迫自己运用这种方式，后来发现这很容易坚持，到最后就变成了习惯。也许在过去的半个世纪里，从没有人听我说过武断的话。”

因为这条原则，在人际交往中，富兰克林总是能将对方的对抗巧妙化解于无形中。实际上，难以相处者的对抗行为，大多数情况下都是可以避免的。作为管理者，要做的就是识破他们的“伎俩”，化对抗为合作。

一般来讲，要化解难缠者的对抗，需要经过三个步骤，如下图所示。

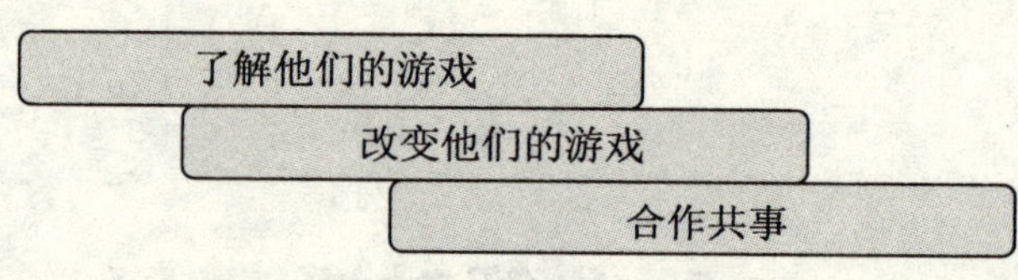

化解对抗的方法

1）了解他们的“游戏”

难以相处者往往都表现得像刺猬，喜欢与你针锋相对，不喜欢合作。为了控制你、获得主动权，他们会尽力将你卷入到一场意志的较量当中。在员工的眼中，你是他们的对立者，甚至是“敌人”，而不是可以合作的问题解决者，他们的目标就是“赢”，而不是满足他人需求。除非你有自己的原则和章法，有超强的自制力，否则你很可能被拖入他们的游戏当中，予以“反击”。结果，导致你与他们的关系更加紧张，信任瓦解，问题被扩大。

所以，面对难缠者，你要有自己的坚持，不要被对方的意愿所牵制而引起无谓的争论。了解他们的“思想”，有的放矢地制定说服策略，为改变他们的游戏打好基础。

2）改变他们的“游戏”

一个优秀的管理者，面对难缠者的顽固对抗，以暴制暴、以牙还牙的做法肯定是有失水准的。因为管理者就是要想办法与各种人合作共事，为此，你必须将他们的“战争与计谋”游戏转变为你的“外交与真性”游戏。当你的利益受到威胁之时，应立即挺身而出，加以维护，这是人之常情。然而你的戒备却会引起他人同样的戒备，阻碍双方展开富有成效的对话。

因此，你必须学会转变游戏方式，这就需要你尽量克制当即辩白自身立场的冲动。你应学会换一种角度，以一种探询者的姿态、学习的心理，以及开放的心胸去面对他们，站在对方的立场，竭力深究、学习并理解对方的观点，将自己的观点和立场暂且搁置一边。这样，便在双方之间建立了一种理解与信任的气氛，这将有助于双方进行富有成效的交流，进而解决问题。

你可以通过以下方法，平息心中之怒，以平和的态度面对难缠者，如下图所示。

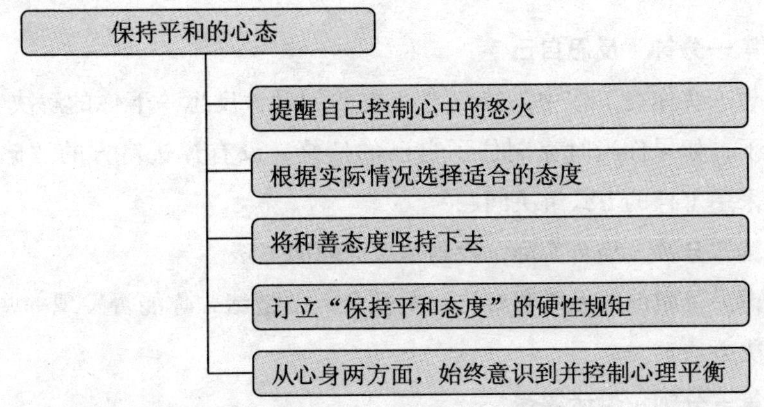

保持平和心态的方法

3）合作共事

化解对抗的目的就是使双方合作共赢，在彼此之间建立一种信任关系。这种信任就意味着共享与合作。

要达到合作共事的目的，关键是要树立一种合作而非敌对的心态。持有“敌对”心态最终总会有一方“受伤”，对方赢了，你就输了；相反，持合作心态，在双方之间建立信任和友谊，尽力去理解对方的关切和需求，最终就可以找到一种创造性的解决方案，同时满足双方需求。

因此，为了达成合作共事的目的，你可以从以下几方面调整自己的心态（如下表所示）。

<table>
<tr><td>克制辩白自身立场的冲动</td><td rowspan="6">合作
心态</td><td rowspan="6">敌对
心态</td><td>打断对方，然后高谈阔论</td></tr>
<tr><td>保持开放心态</td><td>将自己的观点强加于人</td></tr>
<tr><td>搁置自身论断</td><td>针锋相对，不甘示弱</td></tr>
<tr><td>切实提问</td><td>心怀戒备</td></tr>
<tr><td>设法控制事态，解决问题</td><td>回避问题</td></tr>
<tr><td>维持一种相互尊重的氛围</td><td>表现得兴趣缺缺，姿态懒散</td></tr>
</table>

经过以上三个步骤，相信你已经了解了如何化解难缠者的对抗行为。接下来，你要做的就是驾驭这种能力。建议你每天早上用 3 分钟完成以下活动。

◎第一分钟　反思自己

回想一些你在工作中没能满意解决的问题，反思一下你的解决方法。设想一下，如果你当时克制住了自己的情绪，没有掉进对方的“陷阱”，你将会采用怎样的方式解决问题？

◎第二分钟　结合实际，找到解决问题的方法

考虑一下眼前的矛盾和对抗，抛开个人的情绪，你能否发现一些创造性的解决方法？

◎第三分钟　付诸实践

将自己想到的解决方法马上付诸实施，化对抗为合作。

不管如何，最终你都要将对方看成合作者和共同的创造者，努力维护相互之间的关系，在合作过程中、在迎接各种矛盾分歧的挑战中建立并加深相互信任，进而化解难缠者的对抗。

6. 原谅别人

与难以相处者沟通，我们首先要培养宽容揽过的精神，有容人所短的胸怀，要豁达大度。对于企业管理者来说，其才能的一个重要表现为识人、用人和容人的能力。而容人就意味着尊重、信任、理解、沟通和原谅。其中，原谅别人最为重要。

IBM 创业初期，正是资金紧张之时，一位高级负责人因工作失误而损失了 1000 万美元的巨款。这一沉重的压力使他精神紧张，终日委靡不振。IBM 董事长约翰·欧佩尔听说后，并没有如别人预想的那样大发雷霆，而是给那位负责人换了一个同等重要的新职务。这一结果大大地出乎那位负责人的意料，他十分惊讶地问道："董事长，我犯了如此重大的错误，您为何不把我开除或降职？"

"先生，如果我那样处理的话，岂不是在您的身上白白地花费了 1000 万美元的'学费'？"欧佩尔风趣地回答。

欧佩尔的原谅让那位负责人受到极大鼓舞，此后，他在新的起点上奋发拼搏，以惊人的毅力和智慧为公司的发展立下了汗马功劳。对此，欧佩尔解释说："我们允许下属出错，如果哪个人在经过几次犯错误之后变得'茁壮'了，在公司看来是很有价值的。"

欧佩尔的宽容为公司赢得了一位优秀人才。其实，越是睿智的人，越具有宽广的胸怀。不肯原谅别人的人，就是不给自己留有余地，须知每一个人都会有犯错而需要别人原谅的时候。

同样，面对那些难以相处者，你应学会原谅他。如果你总是严词批评甚至大声辱骂，这种态度不但不能让对方认识到自己的错误，相反，会因此激怒对方，产生更大的冲突。那么，要如何做到这一点呢？下图所示为原谅别人的技巧。

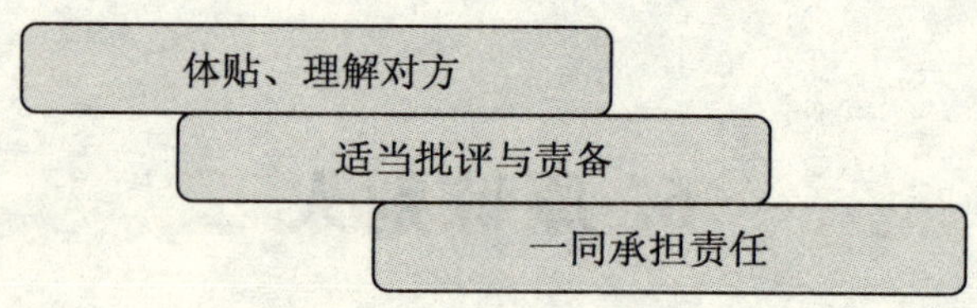

原谅别人的技巧

1） 体贴、理解对方

管理者面对难缠的员工，不要急着去批评他、责备他。责备只会让问题变成对与错、好与坏、输与赢的争辩。“总是”“从来没有”等字眼往往是引发战端的罪魁祸首，会使一个单纯的问题升级为冲突。

所以，你应与对方站在一条战线上，分析原因，理解对方的行为，双方冷静下来，才有利于进一步的沟通。

2） 适当的批评

虽然说管理者应该包容员工的某些小缺点、宽容员工的某些出于良好动机的错误、原谅员工一时头脑发热犯下的小错误，但是，还应该采取适当的行为，督促、指导员工改正缺点、纠正错误。原谅不等于放纵。

当然，批评也需要一定的技巧，如下表所示。

技　巧	说　明
批评的原则	（1）批评是管理者对“过失者”的一种关心与负责任，不是发泄不满 （2）批评必须是善意的，管理者应注意自己的态度 （3）尽量“对事不对人”
批评的要点	（1）要让对方知道受批评的原因，同时找到改进的方法 （2）在批评下属之前，应对事件的过程进行认真调查，并倾听对方的说法 （3）批评要公正、及时 （4）先肯定，后批评，顾全被批评者的自尊心 （5）批评下属时，语气要尽量放缓，勿失尊重 （6）尽量单独批评，不要在公开场合批评别人，尤其是批评那些有地位、有身份的下属时，更要注意技巧

3）一同承担责任

很多时候，员工变得难缠是因为其对错误的恐惧心理，如果你总是认为是员工的错误，那就是在推脱责任。

面对下属的错误，你应先承担责任，检讨自己是不是有疏忽的地方。例如，分析下属犯错是因为自己指导不到位还是监督不到位，这样对方才能信服你。

现在，我们知道了如何去原谅他人。接下来，你要做的就是加强这种能力。建议你每天早上用3分钟完成以下活动。

◎第一分钟　学会理解

遇到问题，先从对方的角度想问题，试着去理解他们，你会发现自己的怒气已经逐渐消失了。

◎第二分钟　辨别错误的"真假"

原谅员工也要有原则，根据其所犯错误的动机或者程度的不同进行处理。想一想哪些错误可以原谅，哪些错误不能原谅，应该如何处理。

◎第三分钟　真正原谅对方

用实际行动原谅对方，如共同承担责任，与其一起解决问题。在彼此之间建立真正的信任关系。

总之，面对那些难以相处者，你要学会原谅，要以宽容之心对待他们。正如有句话所说的："一盎司宽容胜过十吨的有逻辑的据理力争。"

7. 不冒犯他人

很多时候，难以相处者之所以会如此难缠，是因为你在言语或者行为上冒犯了他。一旦对方感觉到你冒犯了他，他就会非常愤怒，变得更加难缠，进而与你针锋相对，甚至以更恶劣的方式“回报”你。

本田汽车创始人本田宗一郎对下属要求非常严格，很多时候会“冒犯”到他的下属。一次，由于一件很细小的技术事故，本田竟然在很多人面前怒打自己的下属——杉浦。

一天，杉浦正在办公室工作，突然一个部属通知他说董事长找他。杉浦急忙赶到本田那里，问有何指示，本田一句话没说，用力打了杉浦一巴掌，并严厉斥责杉浦做事太马虎。杉浦还来不及解释，又挨了本田一巴掌。

本田的行为彻底惹怒了杉浦，杉浦认为，技术事故自己固然有责任，但我是有1000名部属的研究所所长，也有自尊心，没必要当众羞辱我，这怎么能干得下去呢？于是，杉浦决意要辞职。幸亏，本田及时认识到了自己的鲁莽行为，杉浦才留下来，否则，本田就会失去一位优秀领导者。

本田宗一郎因为一时冲动冒犯了他人，差点失去一位优秀人才。不仅如此，你一旦冒犯了员工，员工的对抗、顶撞……一系列不良行为都会被引发出来，致使小麻烦变成大问题。所以，与难以相处者共事，你要避免做出冒犯对方的行为或者说出冒犯他人的言语。

你可以从下图所示的几方面作出努力。

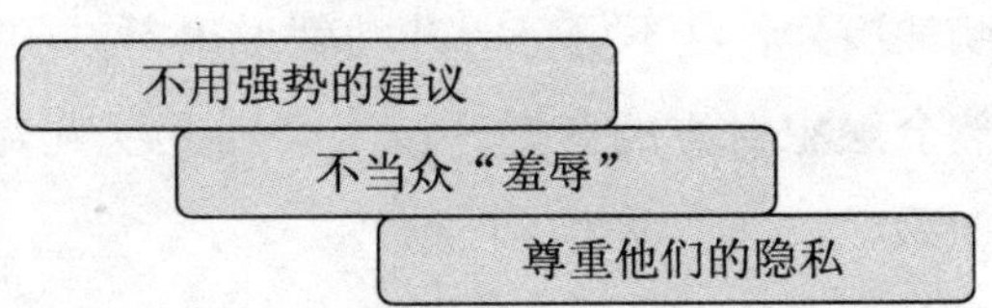

不冒犯他人的方法

1）不用强势的建议

有时候管理者在沟通时会不自觉地用一些否定式、命令式或“上对下”的说话方式，如“你错了，话不能这么说。”“哎呀，我跟你说过多少次了，你这样做不对……”“你怎么这么笨啊……”“下次再这样，你就……”

这些强势的建议或者评价有时候是一种攻击。即使你说话的出发点是好的，但如果讲话的口气太强势、太不注意对方的感受，对方听起来就会像是受到一种攻击，会感到很不舒服。感觉被轻视和侮辱，这就会造成管理者与下属之间的对立。

因此，面对难以相处者，你不要“摆架子”，不要用命令的语气说话，因为每个人在团队中都是为了生存和实现自我价值。团队里的每个人都是平等的，至少在人格意义上是这样的。因此，命令的口气、以尊长的身份来行使权力以及目空一切的作风对管理者来说是绝对有害的。

2）不要当众“羞辱”他们

管理最忌当众“羞辱”你的员工，这种管理者是最令人讨厌的管理者，有这样的管理者，员工自然会变得很难缠。在众人面前“受辱”的下属员工，即使是个性最软弱的人，也会从此对这位“让他塌台”“面子尽失”的上司怀恨在心。

要知道，任何人都有自尊心，自尊心受损，往往足以毁灭一个人。所以，切莫在众人面前使下属下不了台，切莫使你的下属受到伤及心灵的屈辱。

3）尊重员工的隐私

不要当众把员工的隐私当成制服对方的武器，当与员工发生矛盾时，管理者要保持头脑的冷静，绝不要一时冲动就说出对方的隐私，以图制服对方。这样做必然会触犯对方的尊严，员工会因此受到羞辱而奋起自卫，导致势不两立的结果。

不冒犯他人，是尊重他人的一个重要体现。现在我们知道了一些不冒犯他人的言语和行为。接下来，你要做的就是加强这种能力。建议你每天早上用 3 分钟完成以下活动。

◎第一分钟　总结一些冒犯性行为或言语

总结一些自己在工作中可能会冒犯他人行为或言语，反省自己为什么会说出这样的话，做出这样的事，警告自己不要犯类似错误。

◎第二分钟　寻找对策

如果你冒犯了他人，想一想你的话或者行为会造成什么后果，并想办法补救，如向对方道歉。

◎第三分钟　订立规矩——不要冒犯他人

给自己订立一条规矩，时刻提醒自己不要做出冒犯他人的行为。尊重他人，你与对方的沟通会更加顺利。

对于第三点，你可以借鉴以下几条原则：

（1）尽量让别人正确。

（2）选择“仁厚”而非“正确”。

（3）将批评转变为容忍和尊重。

（4）避免吹毛求疵。

这些原则可以说都是围绕着“尊重”提出来的。不冒犯他人，目的在于选择适当的语言和时机做适当的事情，与其他人愉快和睦地相处。不要不顾别人的感受对他人的缺点大肆批评，也不要用尖刻的语言去伤害他人，不要取笑他人或是对别人感到不屑，这些都是冒犯他人的表现，必须加以改正。

8. 不忽略细节

细节，因其格外细小而常常被人忽略，但这绝不意味着细节无关紧要。以小见大，小节决定沟通的大成败。高效的沟通，特别是与难缠者沟通，细节问题更不容忽视。实际上，关注细节包括两个方面的内容，一是关注对方的细节问题，二是关注自身在细节方面的表现。

1）关注对方的细节问题

关注对方的细节表现，尽可能多地获悉对方的一些信息，以便更好地与他们沟通。例如，通过观察对方的行为状态，摸清对方的想法，如弄清他们对此事表现为愤怒还是冷淡；从对方的语气、声调的变化中获取信息，揣测他们的情绪是否有所缓和。

深圳华为是一家颇有名气的公司。有一次，他们去美国采购原料，当他们开价400万美元的时候，美方的三位代表异口同声地回答：不同意。

但是，敏锐的华为谈判代表观察到美方三位代表在听到400万美元时，同时都有一个动作：一瞬间他们三个人都出了一口气，放松了。要知道，报价前他们可是一直非常紧张，表情严肃。华为代表敏锐地捕捉到了这个细节，感觉这个价格他们可以接受，剩下的就是努力争取他们的认可了。所以他们寸步不让，始终不肯降价，最终以400万美元的价格拿下了合同。

可见，随时关注对方的细节表现，对于成功沟通非常重要。实际上，在管理中，通过关注他们的细节表现，进而在沟通中采取与他们同步的心理或行为，如他们表现很愤怒时，你也可以以愤怒的语气表示赞同；当感觉他们已经平静下来，你就可以适时地提出自己的见解。这时候，关注对方的细节表现，会让你的沟通更加顺利。

2）关注自身的细节表现

为促进有效沟通，自身的细节表现更不容忽视。因为你的一些细节表现往往会改变对方对你的印象或对问题看法。

因此，在与难缠者沟通时，你必须注意下表所示几个方面的细节问题。

细　节	说　明
注意态度和情绪控制	（1）控制自己的态度，要以理服人，站在对方的角度上看问题 （2）控制情绪，过度兴奋和过度悲伤的情绪都会影响沟通的有效进行，要尽可能在平静的情绪状态下与对方沟通
善于询问与倾听	（1）为了解对方的真实想法，必须学会询问，以了解对方的立场以及对方的需求、愿望、意见与感受 （2）有效倾听。不要自己长篇大论，应积极倾听，这不但可以让对方对你产生好感，还可以诱导对方发表意见 （3）为避免误解对方的意思，要注意用简单的复述予以确定
正确使用肢体语言	沟通过程中，你的眼神、表情、手势、坐姿都可能影响沟通的效果，因此，你要把握好肢体语言的尺度，尽可能避免不必要的误解和麻烦
表达要具体、准确、简洁	（1）发表自己的意见时，要尽量表达得清楚、具体，要注意讲重点，不要含混而过、模棱两可、漫无边际 （2）讲话要简洁，说清意思即可，不要啰唆
避讳	避开对方忌讳的话题，如个人的隐私、疾病及不愿提及的事情，否则会让问题扩大
诚恳	交谈的态度以诚恳为宜，轻浮的态度会导致对方的抗拒
平衡	如果几个人一起交流，要注意不要只把注意力集中到某一个人身上而冷落了其他人
不插话	要尽量让对方把话说完再插话。实在需要中途插话时，也应征得对方同意

“细节决定成败”，在人际交往中，绝不可以忽略一些细节问题。在实际交往中，你还需不断总结经验，加强这种能力。接下来，你要做的就是努力加强这种能力。建议你每天早上用3分钟完成以下活动。

◎第一分钟　反思自己

反思一下，自己在人际交往中是否有过因忽略细节而导致沟通失败的情况？自己又是如何补救的？

◎第二分钟　总结相关细节问题

总结在沟通中会涉及的一些细节问题，并提醒自己在实际沟通中时刻注意这些细节问题。

◎第三分钟　熟练运用

掌握这些在沟通中应注意的细节问题，并在工作中加以运用，将之变成自己的一种能力。

总之，细节是决定沟通成败的关键。与难缠者沟通，你更应该学会从小处着眼，从细节入手，最终解决问题。

9. 分类性格

在工作中，我们难免要与各种不同性格的人交往，有的人做事敏感，有的人行事武断、鲁莽……面对这些形形色色的人，特别是那些具有不同性格的难缠的人，应如何相处呢？让我们先看一个小故事。

一艘豪华轮船行驶在浩瀚的大西洋上，船里坐满了不同国籍的乘客。他们中有高官政要，有显耀商贾，还有社会名流等。他们都惬意地享受着旅途的愉快。不幸的是，这艘船在驶入近海时不幸触礁。于是船长命令大副告诉乘客抱着救生圈跳到海里去。但是船上的乘客不以为意，他们认为根本不会发生这种危险，仍在高枕无忧地谈论着。不管大副如何劝说，他们都不为所动，没办法，大副只好跑回来求助于船长。

船长听后，想了一想说："没问题，交给我。"船长对英国人说这是一项很好玩的健身运动，于是英国人毫不犹豫地跳下去了；他对法国人说这很浪漫，你不想尝试一下吗？于是法国人也跳下去了；对德国人说这是命令；对意大利人说这是不被基督教禁止的；对苏联人说这是革命行动，是英雄行为；而对美国人则保证：你已经被保险了。因为在美国，不管是国家元首，还是平民百姓，保险是人们生活中不可缺少的一环。就这样，船上所有的乘客纷纷跳下去了。

这个案例说明了一个道理，对不同性格的人要使用不同的沟通方法。那么，我们也可以将难以相处者按照性格进行分类，判断对方究竟属于哪种性格类型，然后确定适合其性格特点的沟通策略。

关于性格划分，有很多种方法，最常见的就是九型人格划分法，如下图所示。

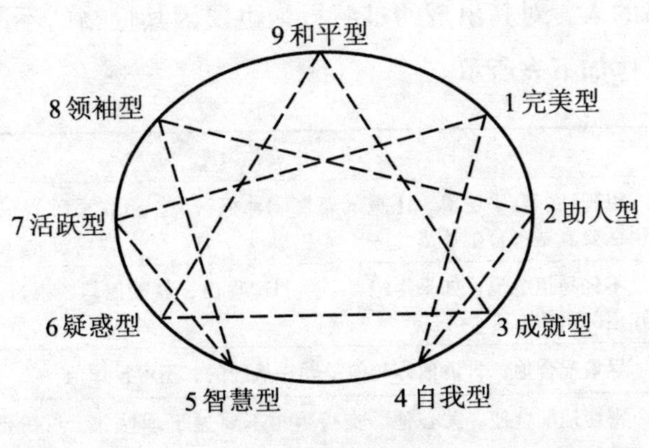

九型人格

九型性格特征及其可能会出现的难缠行为如下表所示。

性格类型	性格特征	可能出现的难缠行为
完美型	有原则性、守承诺、守法、有影响力、喜欢控制他人、做事光明磊落	喜欢吹毛求疵、固执、不太擅长变通、易愤怒
助人型	温和友善、随和、含蓄、慷慨大方、乐善好施	消极、否定问题的存在
成就型	自信、精力充沛、风趣幽默、有把握、处世灵活、积极进取	好居功、喜欢炫耀、自恋
自我型	情绪化、多幻想、创造力、惧怕拒绝、占有欲强、我行我素	性格孤僻、过分情绪化、易沮丧或消沉
智慧型	温文儒雅、条理分明、表达含蓄、内向、欠缺活力、反应缓慢	好辨、执著
疑惑型	做事小心，谨慎、机智、务实、守规、团体意识强	过于敏感、逃避问题
活跃型	乐观、热心、不停活动、不停获取、多才多艺	缺乏耐力，易冲动
领袖型	自我、追求权力、爱命令、有正义感、主观、直觉性强	冲动、傲慢、喜欢顶撞或批评他人
和平型	温和、友善、忍耐、随和、注意细节、不喜欢被支配	怕羞、怕事，做事优柔寡断

不同性格的人，对其出现的难缠行为也要因其性格的不同选择最佳的交往策略，具体如下表所示。

类　型	交往策略
完美型	以理性、合乎逻辑、庄重的态度和他们沟通，可以适时表现出一些幽默感，说话要真诚、直截了当
助人型	不轻易拒绝他，如果拒绝，必须明确理由，鼓励他们谈谈自己，告诉他你想知道的事情
成就型	尽量配合他，告诉他你与他是同一战线的，不可批评他
自我型	密切地配合他、关心他、支持他，不要过于理性化，对于他的成就要给予称赞
智慧型	应亲切、友善，要尊重他的界线
疑惑型	注意倾听，并表示出支持他的态度，不要言行不一，不要批评他们的多疑，说话必须真诚、清楚明白，没有言外之意
活跃型	保持轻松愉快的交流，倾听他的伟大梦想和计划，可以提供一些建议或参考
领袖型	有话直说，尽量说重点，可以有适当的“冲突”或“争吵”，不要取笑或讥讽他，不可试图操纵他
和平型	尽量倾听，鼓励他说出自己的想法和建议，适时表示赞美、认同

作为管理者，你必须根据员工的性格特征采取相应的沟通策略，明确应该做什么、说什么，不能说什么、做什么，应该怎样做、怎样说，否则你可能随时“踩雷”。

以上，我们对难缠者进行了性格分类，并学习了如何与不同性格类型的人沟通。接下来要做的就是加强自己与不同性格类型的人沟通的能力。建议你每天早上用 3 分钟完成以下活动。

◎第一分钟　分析自己的性格类型

首先分析自己的性格类型，在与人相处时，注意克服缺点，利用自己的优势与他人打交道。

◎第二分钟　对自己周围的人进行性格分类

对自己周围的人，包括你的同事、上下级、客户等进行性格分类，确定他们是属于哪种类型的人，做到心中有数。

◎**第三分钟　熟悉应付各类人的方法**

掌握各种类型的人的性格特点，并熟知应付方法，形成一个系统，以便能更好地与他人相处。

总之，与不同的人相处，需要灵活性和相当大的创造力。身为管理者，你必须掌握他们的不同特点，站在他们的角度想问题，才能有的放矢地进行沟通，与其和睦相处。

10. 积极回应

与人交往时需要积极地回应对方，这样对方才可以确认他们的要求或者意见是否被接受，并作出适当的反应。作为人际交往的一个技巧，积极回应对帮助建立好的人际交往，特别是与难以相处的人交往是很有效的方法。

日本松下电器的领导之所以能够在高手如云的电子行业傲视群雄，与公司领导积极回应员工的建议是分不开的。有一次，一位候补员工向松下幸之助质问说："我已经在公司工作了很多年，也为公司作了不少贡献，自认为已经具备三级员工的资格，但是却一直没有得到升迁，到底是什么原因?"

松下幸之助听后立即表示会马上处理，并立刻责令人事部马上对此事进行核查。结果发现，这位员工的确早已具备了晋升的资格，但是由于人事部管理人员的疏忽，忘记给他办理晋升手续了。于是松下幸之助命令人事部立即补办了晋升手续。

松下幸之助的积极回应，为员工解决了问题，让员工更加信任他，进而更加努力地投入到工作中。所以，与难缠者相处，你必须积极回应他们的抱怨、不满。要知道，他们的不满往往意味着企业内部可能出现了问题，只有积极回应，解决问题，企业才会化"不满"为"笑语"，才会有快乐的员工和欢腾的企业。

一般情况下，积极回应难缠者，可以让你在以下几方面有所进步。

（1）更了解别人的感受，更知晓问题的症结所在。

（2）增添自己的勇气，并使自己更加成熟。

（3）建立彼此的信任。

当你与他人讨论比较情绪化的问题时，这种回应则显得更为重要。不过这种回应应发自内心，而不是过多运用技巧。同时，积极回应他人的前提是倾听对方的意见、投诉，找到问题产生的原因，然后对对方做出正面、清晰的回复，切不可拐弯抹角，含糊其辞。

当员工要求你解决某个问题或者向你“投诉”时，你最好按照下图所示的步骤进行回应。

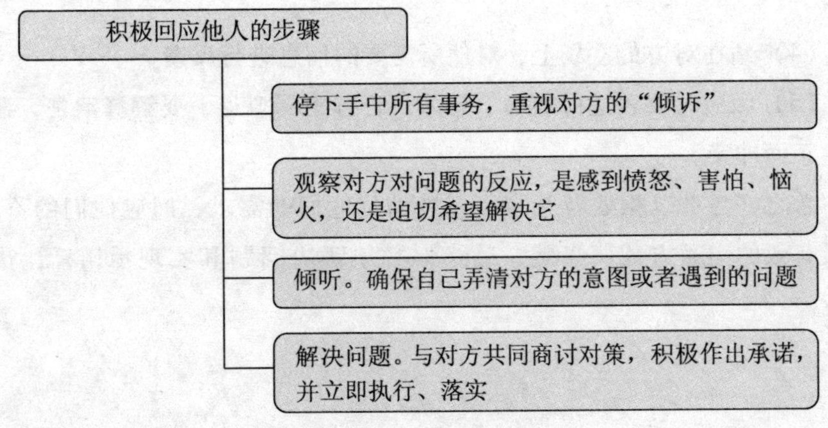

积极回应他人的步骤

以上，我们学习了如何积极回应难缠者。下面，你要做的就是加强这种积极回应的能力。建议你每天早上用 3 分钟完成以下活动。

◎第一分钟　重视对方的“投诉”

对于员工的“投诉”，必须充分重视起来。当员工找到你的时候，首先你要停下手中的所有事务，认真地对待他。

◎第二分钟　边观察边倾听

在倾听对方的话语时，你要同时观察对方的表情、动作，弄清楚对方遇到的问题，以及他对这一问题的反应和态度。这有助于你正确解决问题。

◎第三分钟　积极回应

积极回应对方，如帮助对方出主意，共同商讨对策，或立即落实对方反映的问题，而不是表面答应。

在积极回应这一点上，你需要注意以下几点。

（1）避免全盘否定的评价，或者向对方泼冷水，即使要批评他们，也必须先赞扬其工作中积极的一面，再针对需要改进的地方提出建设性的建议，以让对方能心悦诚服地接受。

（2）不要使用评价性的语言进行反馈。

（3）向对方明确表示你将考虑如何采取行动，让对方感觉到你的回应。

（4）站在对方的立场上，对他所需要的信息进行反馈。

（5）回应时要表达得明确、具体，若有不同意见，要解释清楚，避免发生正面冲突。

总之，与难以相处者共事，积极满足他们的需求，回应他们的不满，是最有效的沟通方式。当然，最终你必须解决问题和实现承诺，让员工满意。

11. 让对方发泄

当难以相处者情绪异常激动，需要发泄时，你要做的就是静静地等待，让他发泄。当对方发泄完，你会发现对方的情绪已趋于稳定，不再尖酸刻薄，平和的气氛才有利于最后完美的解决问题。

这就是"霍桑效应"的精髓。员工心里的不满如果没有得到及时的发泄，就会形成一种潜在的危机，会对企业产生危害，对沟通交流也是极为不利的。因此，最好的做法就是让他们尽情发泄，正如松下幸之助的那句口头禅："让员工把不满讲出来。"

日本住友财团总经理铃木马左就成功地运用这个方法平息了员工的愤怒。当时，一位名叫川田顺的员工，在一次人事变动中，由原来的会计部副部长兼会计课课长，"降格"为会计部第一课课长兼第二课课长。原来的会计课分为四个课，上面设有总长。这样一来，就意味着川田顺不仅没当上部长，反而与原部门的同事相比降了两级，这让他非常愤怒，深感"受辱"。他认为，公司的人事政策完全是非人道的。如果公司要免除自己的会计课课长之职，只需将他调到别的部门就可以，不应该还让他在原有的部门受侮辱。异常激愤的川田顺决定找公司的总经理铃木马左交涉，大吵一顿后就走人。因为他事先已经找到一份新的工作，没有什么后顾之忧。

他见到铃木马左后愤怒地说：住友的做法偏离了正道，应当待"士"以道，他虽然薪水微薄却依然是"士"。对于川田顺的愤怒指控，铃木马左并没有马上反驳，而是让川田顺尽情发泄，他只是认真地听着，还不断点头表示赞同。直到川田顺讲完，铃木马左才面带温和的微笑，一面称赞他，一面声称会认真解决他的问题，并让人事负责人对川田顺再作安排。

继而又给他讲述人生大道理，劝川田顺不应为一点小问题而心神不安。

川田顺发泄完后，本已后悔，加之铃木马左的一席话，川田顺的怒气全消，决定留在住友，努力工作。后来，川田顺在住友的表现突出，一直受到器重。

可见，与难缠者相处时，让他们将不满和愤怒发泄出来，不失为一个化解矛盾和冲突的好办法。当员工用语言发泄不满时，你需要做好以下两件事。

1）认真倾听

让员工尽情倾诉，当他们倾诉结束后，心情就会平静许多，甚至不需你来解决此事。这不但能消除矛盾、缓解冲突，也能更好地让员工“动”起来。

2）不要辩论

即使对方说的话不对，或者你不同意，也不要立即辩驳。否则可能会越辩越气，最后不欢而散。如果你辩倒对方，那更有可能造成关系的中断，信任的瓦解，员工的离职，这都不是解决问题的办法。

由此可见，让对方及时发泄不满，是与难以相处者相处的一剂良药。接下来，你要做的就是加强这种能力。建议你每天早上用3分钟完成以下活动。

◎第一分钟　学做一个“出气筒”

当对方有不满时，你不妨自己先做一个“出气筒”，让对方把不满的情绪完全发泄出来，缓和紧张的气氛，待心平气和之后，再解决问题。

◎第二分钟　有意识的倾听

对方在发泄不满时，你要有所表示，还要观察对方，理清事情的来龙去脉，抓住主要信息，以便制定化解策略。

◎第三分钟　为他们提供一条可宣泄的渠道

当员工出现不满时，管理者必须及时疏导或让其宣泄出来。最好为其提供一个宣泄的渠道。

某公司为员工提供的“熄火”方法，如下图所示。

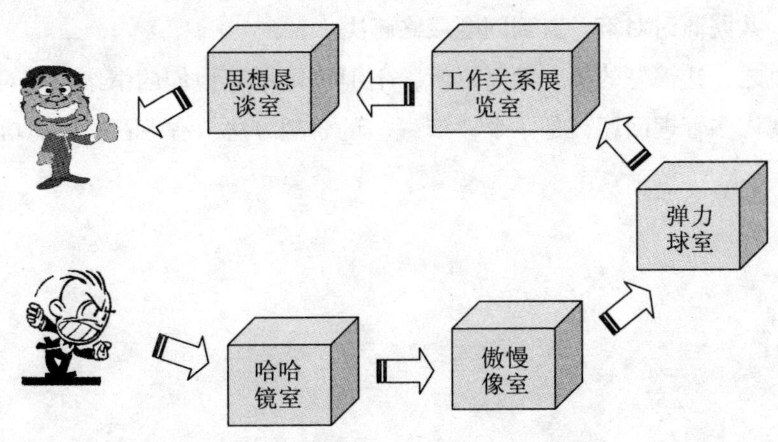

情绪宣泄五步法

在公司里，当员工有不满时，需要先后进入5个房间：

第一个房间：“哈哈镜室”。满胜怒容的员工进入后，先照哈哈镜，看到哈哈镜中扭曲变形而又怪模怪样的自己，员工会忍俊不禁，在笑声中他们自然就会消气不少。

第二个房间：“傲慢像室”。房间里面有一个橡皮造的塑像斜眼看着你，表示鄙视和看不起。员工可以用橡皮榔头去打那个塑像，使员工尽情宣泄，以达到心理的平衡。

第三个房间：“弹力球室”。房间的墙上有一个连着强力橡皮筋的弹力球。愤怒的员工使劲拉开球，然后松开，球打在墙上之后反弹回来，击中他的身体。工作人员会问他“痛不痛”“为什么会痛”，然后告诉员工，这叫“牛顿定律”，有作用力就有反作用力，愤怒只会伤害到你自己。

第四个房间：“工作关系展览室”。在这个房间里陈列的是过去管理者如何关心员工以及员工之间如何友爱的实例，以此触动员工柔软的内心，引导他们反思自己的言行。

经过以上四个房间之后，经理在第五个房间等候。

第五房间：“思想恳谈室”。经历过四个房间的员工，这时大多已经冷静了下来，一般情况下他们会主动解决矛盾，心平气和地接受批评和自我批评，共同商讨对策，直到问题最终解决。

总之，让愤怒的员工发泄不满，不但可以平复他们的情绪，还可以使你正视许多管理问题，是一个“双赢”的管理方法，有一石二鸟的功效。

12. 从不说“不”

与难以相处者沟通，不要轻易说“不”，不要直接否决他们，而是要顺着他的意思说，否则，会引起对方的反感，使对方变得更加难以相处。

著名心理学家卡尔·罗杰斯在《人的条件》一书中讲了这样一个故事。

一位在纺纱厂负责工业工程管理工作的管理者，应工厂扩充需求，设计了一套新的操作方法，使操作工人仍能维持一定的质与量。当他带着新计划进入会议室，提出现在系统的不妥和修正方法时，所有人都投反对票。

经过一番思考，这位管理者终于领悟到自己错在何处。他召开了另一次会议，换了一种方法提出设计方案。他首先问大家症结在哪里，然后针对所提出的问题进行讨论，并请大家思考什么才是最好的解决之道。同时，他会在适当时刻提出一些不明显的建议，诱导大家进入他的新设计范围。最后，他才提出整个新计划，结果获得一致认可。

可见，面难以相处的人，千万不要直接说：“不，我不同意”，如果你直接说“不”，直接否定他们，再好的意见也不会被接受，甚至会引起更大的矛盾。

因此，与难以相处者沟通，不要说“不”。这个我们可以从上面的案例中得到启示。当然，要做到这一点，你需要一些技巧，如下图所示。

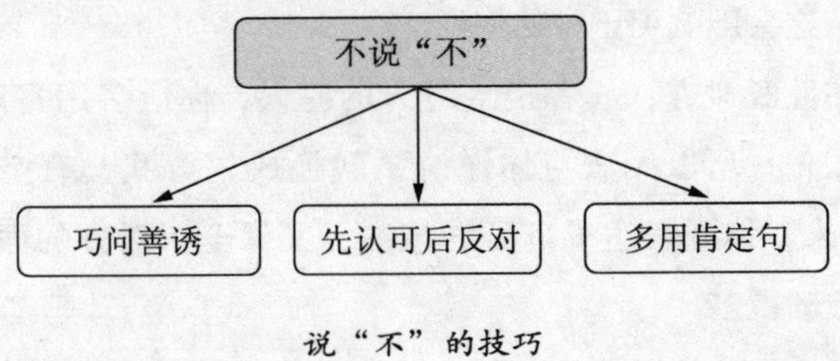

说“不”的技巧

1）巧问善诱

对别人的意见最好不要直接反驳，最好用提问题的方式来让他回答。但前提条件是要认真倾听对方的方案，并找出其中存在的一些漏洞。等对方说完，再进行提问。如果对方有考虑不全面的地方，那么就是提出自己方案的时机。

这一技巧的关键在于不要直接对对方说："你这样是不对的"。而是要用提问的方式让他自己说出来是自己不对。或者找到证据，告诉对方错在哪里。

2）先认可后反对

每个人内心深处都希望能够得到他人的认可。而满足了对方这一需求，就有助于营造一种彼此协商、相互体谅的沟通氛围。先认可对方的观点，你才有机会说出其他方案。

例如，你与某难缠客户沟通，客户认为产品价格太高了。这时，你不要辩解，你可以告诉对方："我完全理解你的感受。很多人在第一次听到这个价格时也是这么想的。可仔细分析一下我们的产品和价格，你就会发现，就当前的市场情况来说，我们的性价比是最高的。"这样你就可以成功地减弱对方的竞争心态。

3）多用肯定句

在沟通时，我们经常犯这样一个错误：总是先否定别人的观点，而后再谈自己的思想。这种现象，在不知不觉中就导致了沟通障碍。因为，不断地否定对方的观点，会让对方意识到自己的观点有错误，会进入一种审错纠错状态，这会影响到正常的沟通。

因此，在反驳对方，或者拒绝对方的时候，你应多用肯定句。例如，将"我现在很忙，所以无法与你详谈"转换成"等我一有空，就与你详谈"。这样一来，你既表达了自己的想法，又保全了对方的面子，接下来的沟通就会顺利得多。

值得注意的是，使用这几个方法的前提都是要先了解对方的处境，体会他们的想法。只有这样，与人沟通时才能更顺利、有效。

上面我们学习了如何提出自己意见的一些技巧，接下来要做的就是提升这种能力。建议你每天早上用3分钟完成以下活动。

◎第一分钟　反思自己

反思一下自己的性格和沟通习惯，看看自己在反驳他人时的一些习惯做法是否正确。

◎第二分钟　控制不良习惯

有意识地控制自己习惯于先否定或者直接反驳他人的做法，提醒自己不说“不”。

◎第三分钟　使用积极的沟通语言

在实践中积极运用这些沟通技巧，直到你能熟练运用为止。

总之，如果你想让别人同你的意见一致，记住，用巧妙的方法说“不”比正面指出问题更有成效。

13. 看到另一面

任何事情都有两面性，人也一样。作为管理者，你还必须学会辩证地看问题：要学会看到问题的另一面，看到难以相处者积极的一面、向上的一面，不要轻易否定他们。

你每天遇到的每一个人，每一件事，实际上都有有利的方面和不利的方面。有效地和难缠之人打交道的诀窍，就是看到积极的一面。用积极的方式将“不好的倾向”引到“好”的方向上。

一次，石油大王洛克菲勒的合伙人艾德华·贝佛因为处置失当，在南美做错一宗生意，使公司损失100万美元，洛克菲勒原本想大声指责贝佛一番。但他转念又想，贝佛已尽了力，指责他也无济于事，何况事情已经发生了，再说经过这次教训，贝佛在以后的工作中一定会更加努力，这也是一种收获。于是，洛克菲勒对贝佛说：“没关系，至少你保全了我投资金额的60%。我们没法每次都这么幸运。”

洛克菲勒因为看到了事情积极的一面，于是完美地避免了一场可能发生的争执。可见，面对难以相处者时，你不应该局限于表面的失误，而应积极地转换方式，把注意力集中在别人的另一面，这样就会越来越觉得这个人的优点很难得，进而发现别人的价值。很简单的一种思维调换，结果却有明显的不同。

那么，如何才能看到他人的另一面呢？你可以从下图所示的几方面努力。

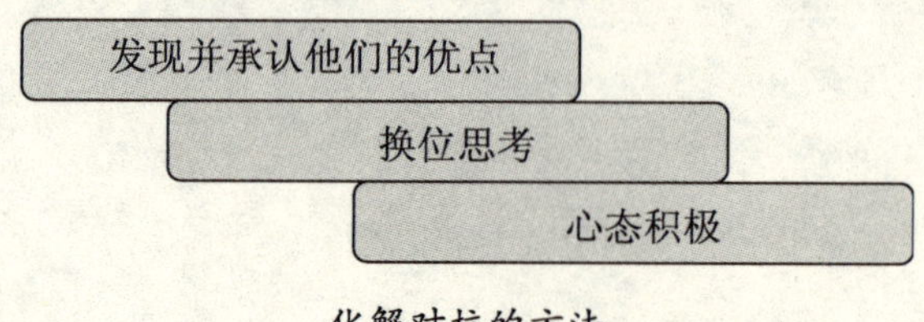

化解对抗的方法

1）发现并承认他人的优点

法国有一句俗语："人们的缺点通常同他们的优点有联系。"在某些外在条件影响下，人会发生的改变有时是颠覆性的。如果我们不能很好地了解别人所处的环境变化及内心真实的欲望和想法，而单单从行动的表象上做出对其他人的判断，往往是非常片面和不客观的。

因此，你要善于发现他人的优点，并承认他们的优点，这样你才能更好地理解他们，与他们友好相处。

2）学会换位思考

一个人的错误，往往是因为只从自己的角度思考问题。为了避免这样的错误，就得学会换位思考，并在此基础上调整行为的"频道"。

面对难缠之人，从对方的角度看，你还会发现事情原来还有另一面。这时，你才能更好地理解对方。

3）树立积极的心态

拥有积极的心态你才能看到事物的积极面，应将注意力转移到"赞赏"和"欣赏"上，而不是批评，这种心态能让你逐渐喜欢上对方，进而与对方融洽相处。

总之，任何事物都是一分为二的，在与难缠之人相处时，你必须学会辩证地看待人和事。当然这种能力并不是一蹴而就的，需要持续不断地努力。接下来，你要做的就是加强自己辩证地看问题的能力。建议你每天早上用 3 分钟完成以下活动。

◎第一分钟　承认事物具有两面性

自己要时刻提醒自己，任何事物都有两面性，要学会看到他人的优点，不要被表面现象所迷惑。

◎第二分钟　总结他人的优点

在笔记本中写出他人的优点，同时写出他的一些缺点，并进行比较，看看你所写的是优点多，还是缺点多。这实际上是你对对方的评价。忘记对方的那些缺点，重新去认识对方，你会发现对方其实很好相处。

◎第三分钟　树立积极的心态

随时保持积极的心态，这样你才能看到事物的一面，才能采取积极的方法去解决问题，才能获得对方的信任。

关于第二点，你不仅可以自己进行这项活动，还可以在自己的团队中进行这项活动。这项活动的具体实施步骤如下。

(1) 为每一位团队成员发一张“优点与缺点”表格及一支钢笔。

(2) 让每个成员在无任何威胁的情况下，对其他成员的优点与缺点进行评点，让他们至少分别写出一条对于其他人喜欢的或不喜欢的地方。

(3) 让每个参与者之间相互反馈自己在其他成员眼中的优点与缺点，即反馈你喜欢或不喜欢某人的哪一方面。

(4) 收集每张答卷，混合后对每个人念出别人写给他们的意见，首先要从自己开始念起。

(5) 进行讨论，让大家看到同事的另一面。

这项活动的目的在于发现每位成员的优点，让团队成员互相了解，更加融洽地共事。

14. 摆脱习惯性

人是一种习惯性的动物，总是习惯性地按照比较固定的思路去考虑问题、分析问题。在与难缠之人沟通时，这种习惯有时候会导致矛盾的升级，甚至引发冲突。因此，你必须摆脱习惯性，客观地去解决问题。

一个人听说了“点金石”的秘密，点金石是一块小小的石子，它能将任何一种普通的金属点化成纯金。点金石就在黑海的海滩上，和成千上万的与它看起来一模一样的小石混在一起。但是点金石摸上去是温暖的，而普通的石子摸上去是冰凉的。这个人赶到黑海海边，一颗一颗地捡石子，当摸到的石子是冰凉的时候，他就将它扔到大海里。就这样，一天过去了，一个星期过去了，一个月，一年，三年……他一直没有找到点金石。他不甘心，继续捡石子，是凉的，扔石子，又去捡起一颗，还是凉的，再扔到海里，一颗又一颗……但是有一天他捡起了一块石子，这块石子是温暖的——但他却也随手扔进了海里。

因为长时间以来，他已经习惯于做扔石子的动作，以至于当他见到真正的点金石时，也因为习惯性而将其扔进了海里……

可见有些习惯性行为、动作或者思维，真是害人不浅。与难缠者相处时，人们也常常因为习惯性，而错失了与其交往的好时机。因此，你必须摆脱消极的习惯性问题，打破常规。具体方法如下图所示。

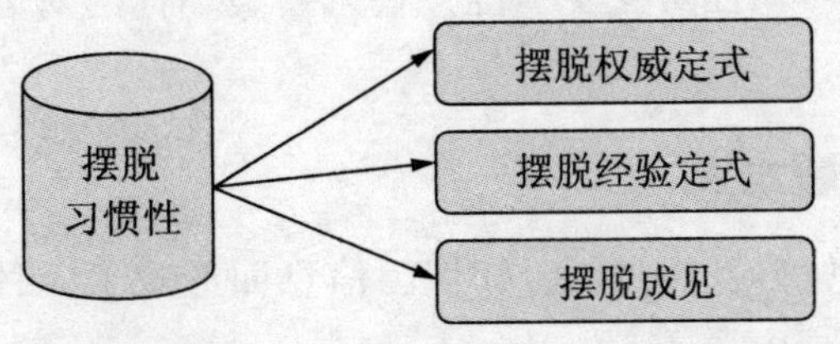

1）摆脱权威定式

人们所谓的权威定式，就是指管理者习惯性地把自己放在管理者的位置上，习惯于利用自己的权力优势去解决问题，具体表现如下表所示。

习惯性行为	说　明
习惯性地命令他人	（1）含义：管理者总是习惯性地认为自己高人一等，喜欢用命令式的语气与他人沟通，这隐含着强制性，会让对方感到被压抑，被支配 （2）改正方法：变命令为指示，征询对方的意见 （3）示例：你想与员工私下谈话时，不要说："过一会你去找我一趟。"你可以说："我有点事要与你商量一下，过一会你来我办公室吧！"
习惯性指责	（1）含义：人们总是可以轻易地看见他人的失败、错误和缺点，而且忍不住提出批评和建议。所以，在出现问题时，管理者也总是习惯性地先去指责对方的过错，这样就为沟通的失败埋下了伏笔 （2）改正方法：倾听对方，控制自己指责对方的行为 （3）示例：有员工晚交了报告，你不能说："你故意耽搁时间。"你可以说："你的报告晚送了一天，有什么原因吗？"
习惯性反击	（1）含义：认为沟通就是在打反击战，认为对方只要一说话，肯定就是对我的攻击，作为保护，我必须自卫。这样的话，显然无法有效沟通 （2）改正方法：克制自己的负面情绪，有意识地控制自己反击对方、打断对方话语的冲动，认真倾听
习惯性推脱责任	（1）含义：出现问题时，为了保护自己，习惯性地将责任推给别人，认为自己没有错，完全是对方的责任，这种做法不但会伤害对方的心，而且也会导致双方关系的破裂 （2）改正方法：勇敢承担责任

其实，上表中提到的习惯性指责、反击和推托责任都属于习惯性防卫。习惯性防卫是人们心理上一种常见的根深蒂固的习性，用来保护自己免于因为说出真正的想法而受窘，或者使自己避免受到问题的牵扯。在人际交往中，这种习惯性防卫要不得，它只会破坏你与对方的关系，所以必须改正。

2）摆脱经验定式

管理者往往凭自己的经历、知识、信息而形成了一种优势思维，并常在工作中用这种优势思维去解决问题，但是任何经验在新的环境和情况下的应用都要考虑其可行性，所以，在面对新的情状或状况时，请多一些冷静和思考，不要让习惯性思维或行为影响你清晰的判断力，进而导致沟通无效。

3）摆脱成见

人们常常借助头脑中的各种概念和推测来整理信息，以此解释发生的事件和他人的行为。然而从某种程度上来说，这就导致了我们只见到我们期望见到的事物，并先入为主地分析我们的所见所闻，这就在一定程度上影响了与他人的合作。如果我们死抱成见，而新信息又显模糊陌生，甚至颇具威胁性，我们就很容易用先前的概念来解释新情况以及与之有关的人。

因此，要使沟通取得有效进展，你必须要打破这些习惯思维的束缚。摆脱成见，就意味着不要盲目下结论。在对方讲话之前，自己尽量不要对所要谈论的事情本身下结论，否则，会带上“有色眼镜”，不能设身处地地从对方的角度看待问题，容易出现认识的偏差。下表所列为应对成见的方式对比。

导致成见的原因	消极应对	积极应对
先入为主	“这件事根本行不通，怎么他又……”	不要立即开始思量自己是否喜欢或者应该怎么做。先问一些“条件反射”之外的问题，比如“这件事真的无法解决吗？”“他又有了新的想法，我必须好好听一听。”
个人好恶	“这个话题我根本不感兴趣，都什么年代了！”	
由对对方的个人看法引起	“他怎么总是有事？”	
由利益冲突造成	“想和我争？没门！”	

总之，对对方怀有成见时，你往往会贬低对方的价值，漠视他们的存在，怀疑他们的观点和利益。当你拒不接受他们的观点时，他们也会以其人之道还治其人之身，不考虑你的利益。而你也会继续反击，进一步漠视他们的利益。这样发展下去，就会从形成恶性循环，双方就很难消除彼此之间的分歧，更不要说合作了。所以，必须要学会摆脱成见，客观、实事求是地去解决问题。

以上所述是习惯性认知的一些危害。接下来要做的就是加强摆脱习惯性的能力。建议你每天早上用3分钟完成以下活动。

◎第一分钟　反思自己

回想自己是否存在上述所述的习惯性行为，将这些不好的习惯记录下来，强迫自己改正。

◎第二分钟　看到他人的长处

习惯性的一个最大危害就是抱有成见，为此，你必须学会发现他人的优点，将对方引导到好的方面，同时，控制自己的情绪。

◎第三分钟　利用各种方法摆脱习惯性

学习一些摆脱习惯性的方法，有效控制自己的习惯性行为。

在这一点上，有很多方法可以利用，如采用转移法，有意识地转移话题或做点别的事情来分散注意力可使情绪得到有效缓解。或者使用行为中止法，用毅力强行中止习惯性行为，如当强迫行为出现时，心里就默念："毫无必要，我有毅力控制它！"还有一种有效的方法就是替代法，即用不相容的观念、意向和行为，去取代习惯性观念、意向和行为。只要长时间坚持下去，就会有所成就。

第二章 进行高效沟通

“你可以有聪明的想法，但如果你无法让别人明白你的想法，那你的大脑就不会让你有任何成果。”这就是高效沟通的魅力。与难以相处者共事，最重要的一点就是与他们进行高效沟通。这就需要培养并提高你的沟通技能，让你在沟通中更有说服力和影响力。

1. 克服障碍

有些时候，你之所以感到某些员工难以相处，实际上真正的原因是你遭遇了沟通障碍。一个有效的沟通包含诸多的要素和步骤。在每一个要素和每一个步骤中都可能存在着各种障碍，它们直接影响沟通效能的发挥。

可见，沟通最重要的要素是双向（或多向）和互动。所以，你必须想办法克服这些沟通障碍。那么，常见的沟通障碍有哪些呢？（如下表所示）

沟通障碍
- 文化差异导致的沟通障碍
- 没有正确领会他人观点导致的沟通障碍
- 沟通中断

1）文化差异导致的沟通障碍

由于地区不同、国家不同或民族、风俗习惯不同，可能会导致沟通障碍，沟通语言或者沟通行为的不同也可能会造成一些沟通障碍，如误解、歪曲和信息传递有误，增加沟通双方的心理负担，影响沟通的有效进行。

为了避免这类障碍的产生，你需要从下表所示的几方面做出努力。

障　碍	说　明
弄清对方的意图	如果对话听起来模棱两可或不着边际，你必须立即提出问题，不要不懂装懂，要实事求是。该提问题时却犹犹豫豫错失良机，就是一种不成熟、不负责任的表现

续表

障　碍	说　明
注意双方在文化以及背景上的差异	与其他国家或民族的人打交道时，要特别注意这一点，以便减少类似误会，你需要做到： （1）提前收集相关信息，了解他们的风俗习惯，不要做出或说出冒犯对方的话 （2）一旦冒犯了对方，要立即道歉，并礼貌地说明你不是有意的，而是文化差异所致 （3）在沟通前，你要预先向对方解释，由于文化差异，沟通中可能会出现误会，请他们在任何感觉不合理或者不清楚的时候发问
因人而异	由于个人知识和认知水平不同，与不同的人沟通要注意调整自己的谈话方式、措辞或是服饰仪态应与对方相似。例如，与一线工人沟通，如果你西装革履、咬文嚼字，使用过多专业术语，就会在沟通双方之间产生一道心理上的鸿沟

2）没有正确领会他人观点

高效的沟通必须建立在互相理解的基础上，双方应尽力去理解对方的观点。即使你不同意他们的看法，也要努力去理解他们的看法，站在他们的角度考虑问题，去理解他们。不要把自己的观点强加到他人身上，不要坚持己见或者立即争论，不要试图说服彼此，要知道每个人都有表达自己意见的权利。你要学会认真倾听，不明白时就提问，要求对方给出解释。只要双方积极地交换不同意见，就能更好地了解彼此的想法，从而找到一个双方都能接受的解决方案。

可见，在沟通中，只有正确领会他人的观点，理解他，倾听他，才能进行高效沟通。

3）沟通中断

沟通受到干扰突然中断，是最常见的一种沟通障碍，而且这种情况在沟通过程中可能发生多次。这样的障碍一般来源于外界环境的干扰。这时候，虽然看起来，双方你来我往“交谈甚欢”，实际上却并非如此。例如，面对着媒体，在与管理者谈判时，工会代表可能更注重如何打动他的支持者，而忽视与管理者的有效沟通。

对于这类障碍，首先要承认它们的存在，不要刻意忽略这些干扰，对于中断的过程，有必要重复一下，确定对方和自己一样了解情况。

其次，当你不得不与某些难以沟通的人物展开协商，你就要力争创造一个稳妥的环境，以排除任何可能妨碍你们双方进行有效沟通的人或物。

美国总统罗纳德·里根就非常善于营造一个稳妥的沟通环境。1986年，关于弹道导弹的冰岛雷克亚未克峰会上，里根会见苏联领导人米哈伊尔·戈尔巴乔夫时明确规定：只允许必不可少的人员，如翻译和国家安全顾问在场，媒体人员不得参加。在这样不受任何打扰的环境中，里根与戈尔巴乔夫举行了一场开放而又诚恳的会谈，最终促成了两个超级大国于1987年签订削减中程核武器条约，从而结束了两个超级大国长达40年的冷战。两人之间也建立了深厚的友谊。

总之，高效沟通的前提就是克服可能存在的沟通障碍。现在你已经学习了如何克服障碍，接下来要做的就是加强这种能力，培养这种技巧。建议你每天早上用3分钟完成以下活动。

◎第一分钟　总结沟通障碍

总结自己曾经遇到的一些沟通障碍，将自己是如何处理的，有什么需要注意的地方都记录下来，并在日后加以改进。

◎第二分钟　沟通前进行准备

有意识地积累一些克服沟通障碍的方法，尽量避免在沟通或交流中出现误会。

◎第三分钟　理解并克服障碍

充分考虑到沟通中可能出现的障碍，特别是由于个人的社会背景，经历和动机的差别而引起的障碍，努力理解对方，彼此坦诚相见，寻求最好的沟通模式。

克服沟通障碍其实不只是工作方法问题，更根本的是管理理念问题。如何克服沟通障碍，以及如何实现高效、通畅的沟通，都不应就事论事，而应站在管理理念和价值观的高度，妥善地加以处理。

2. 双向倾听

高效沟通的关键在于倾听，与难以相处者交往更是如此。管理学大师卡耐基说过："倾听就是说服的开始。"唯有善于倾听的人，才能获得对方永久的信赖。

1996 年，星巴克董事长霍华德·舒尔茨决定进军日本市场时，受到公司员工的强烈反对。一些员工认为，日本人爱喝茶，不喜欢在公开场合端着一杯拿铁。但舒尔茨相信自己的眼光，于是，他和那些员工来到一个很安静的地方，让员工充分发表意见，自己只是倾听。3 个小时后，舒尔茨和员工达成一致意见，决定进入日本市场。舒尔茨因为表现出在意反对者的意见，所以最终解决了问题。

可见，与难缠者沟通，倾听是多么重要。但是倾听应该是双向的，首先你要做一位好的聆听者，并且要保证进行有效的聆听。这种倾听需要你掌握一定的技能，如重述、观察、询问等（如右图所示）。另一方面，你也是一位被倾听者，要想有效地被倾听，也可反用以上技能。

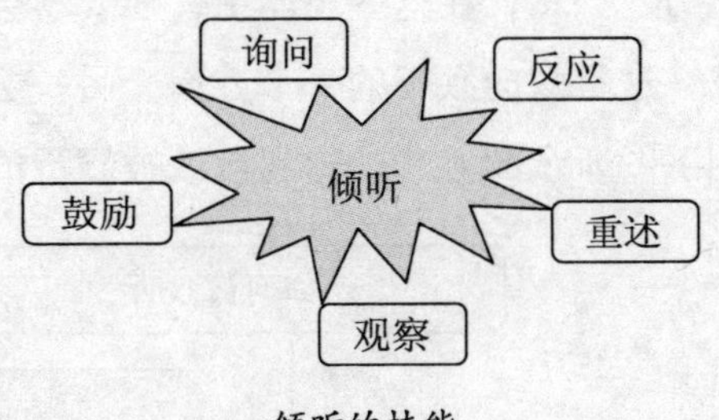

倾听的技能

下面我们分别看一下如何使用这些技能（如下表所示）。

技　能	说　明	事例与使用技巧
鼓励	促进对方表达自己的意愿	表现出对对方谈话的重视或者兴趣，鼓励对方表达出自己的真实想法。可以用鼓励、请求的语言激发对方，如"您说的非常有价值。""请接着讲。""你能讲得详细一些吗?"

续表

技 能	说 明	事例与使用技巧
询问	以探索的方式获取对方更多的信息资料，如提问澄清式问题	澄清式问题有助于始终抓住沟通要点。当对方对一些信息无法表达的时候，就可以用澄清式问题捕捉被遗漏的信息。假如某员工说："她总令我生气。"你可以问："她什么时候令你生气了，她做了什么让你心烦?"这样就扩大了讨论范围，并将讨论带入到一个新的情境当中
反应	告诉对方你在认真听	适时对对方的话以语言或动作来表达你的认同。同时，要表露出你的理解
重述	确定在沟通中没有误解对方的意思	重述有助于核对对方的真实意图，并能表达出你自己的观点和见解。例如，你的同事抱怨团队成员未能按时完成任务，延误了工作进度，你可以这样重述："你的意思是，由于任务未按时交付，你很担心项目延误使客户失望，是吗?"这样，对方就会有机会澄清可能的误解，更重要的是他们知道自己被理解了
观察	观察其非语言信息是否与实际相吻合	用心聆听也包括仔细观察非语言信息，如肢体语言，音调以及面部表情。留意那些与话语不相吻合的非语言信息。如果你发现了这种错位，就要以一种非评判的方式加以指出

在倾听中，正确使用这些技能，能大大提高你与难以相处者打交道的能力。当然，在这些技能中，你要学会融会贯通，提高自己的倾听能力。

这是双向倾听的一个方面。另一方面，你要有效地被倾听。你可以利用下图所示的方法，达到有效被倾听的目的。

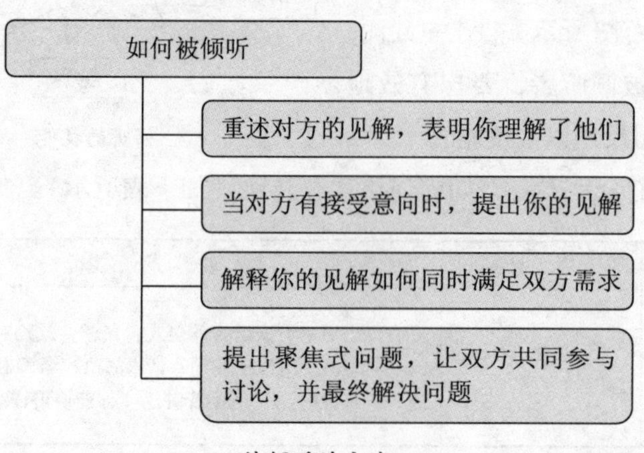

被倾听的方法

下面加以具体说明，如下表所示。

步　骤	说　明
表露理解	为了更好地被倾听，你要表现出对对方的理解。你可以概述对方的观点，问他们这样理解对不对。对方感觉到了自己被肯定，就不会再坚持主张自己的立场。接下来的沟通就会容易许多
提出你的见解	当对方得知你理解他们的立场之后，将更容易接受你的建议。可以商讨的口吻，或者以求教、征求对方意见的方式向对方传达自己的意见和建议，但要记住不要把你的建议强加于人，可以提出来，但仅供参考
解释你的见解	解释你的建议为何解决了双方各自的疑虑，以使你的建议更加圆融。同时，你也应当说明，该方案的设计出台离不开双方的共同努力
焦点提问	提出了你的个人见解之后，要让双方投入到更进一步的讨论当中，要求他们对你的见解提出改进意见，同时提出他们自己的见解。例如："这个见解是否遗漏了某些关切点，会不会导致某些新的问题？"或者"你们有没有一些我们没有考虑到的想法？"这样，你就能将潜在的对抗转化为合作，从而产生更有创造性的见解，并使双方都参与到问题解决中来

双向倾听贯穿在整个沟通之中。如果你能熟练运用重述、澄清、观察等倾听技巧，你就会发现，你的见解将更容易被聆听、接受。

通过上面的学习，我们知道了双向沟通的一些技巧，接下来，你要做的就是提高双向倾听的能力。建议你每天早上用3分钟完成以下活动。

◎第一分钟　反思是否用心倾听

反思自己在与难缠者沟通时，是否用心倾听？如是仔细聆听了对方的语言，自己的理解是否正确？是否发现了遗漏的信息？他们有过哪些非语言信息？我的聆听是否有效？

◎第二分钟　总结倾听的技巧

有意识地总结和学习一些有效倾听的技巧和方法，将它们记录下来，形成一个沟通模型，提高自己的沟通能力。

这一点非常重要，每一位管理者都应该做到这一点，进行有效倾听，不要误入倾听"歧途"。下表所示为进行有效双向倾听的一些技巧，可供借鉴。

<table>
<tr><td>假定对方有自己的合理见解</td><td rowspan="7">正
道</td><td rowspan="7">歧
途</td><td>认定自己始终正确，无所不知</td></tr>
<tr><td>放下成见，不要臆测，而要付出真诚，努力去理解对方</td><td>打断、批驳对方，将自身意愿强加于人</td></tr>
<tr><td>注意聆听，才能被倾听</td><td>贬损对方极其见解</td></tr>
<tr><td>保持耐性，先让对方“畅所欲言”</td><td>总是打断对方的话语</td></tr>
<tr><td>及时回应，表现出有兴趣的样子</td><td>表现的无精打采</td></tr>
<tr><td>姿态、神情专注，并观察对方</td><td>出现东张西望、双手抱胸、斜目睨视等举动，显示出不耐烦、抗拒或高傲的行为举止</td></tr>
<tr><td>鼓励交流双方互为倾听者</td><td>以自我为中心</td></tr>
</table>

◎第三分钟　熟练使用倾听的技能

将这些倾听技能运用到实践中，变成自己的知识与技能。

倾听是一种艺术，倾听是高效沟通的法宝。但是，倾听并不是一件简单的事情，它大有技巧可言，需要我们平时持续地观察、揣摩和操练。

3. 避免冲突

与难缠之人沟通，人们常不自觉地就会与对方发生冲突，无休止的争执、辩论，只能让沟通更加难以进行。因此，为了有效沟通，你必须学会避免冲突。例如，有些时候某些员工没有按要求做好其分内之事，给公司带来了巨大的损失。对此，你感到非常愤怒，沮丧。你很想大声责怪他，但这于事无补，不如想办法避免冲突，解决问题才是关键。

美国总统林肯最喜欢的一句话是："不责人则不受责。"进入中年以后，他几乎没有为任何事情责怪过任何人。南北战争期间，林肯撤换了数名北军指挥官，他们都犯了战略错误，致使联邦军队处于绝望的困境。这些不称职的将军们受到了北方的强烈谴责，而总统却保持了镇静，他知道谴责他们可能会导致军官们的叛变，不如宽容他们。因为林肯的这种处世态度，让他避免了很多内部冲突，最终他成为了美国历史上最著名的一位总统。

可见，管理者们面对自己的下属时，无休止地抱怨、指责是毫无用处的，这只能引起下属的反感，使对方产生抵触情绪，进而演化为冲突，影响团队团结。而避免冲突的一个原则恰恰又是不让冲突破坏了团结。那么，如何才能在工作中尽可能多地避免冲突呢?

首先，要避免冲突应尽量以一种鼓励对话、鼓励联合解决问题的方式去与人相处，而不是去责怪对方，因为责怪会引起对方的辩解。有些时候，与其怪罪对方，不如关注当前发生的事情，如他的行为造成了什么影响，以及你真正要做的是什么。

那么，怎样才能达到这个目的呢? 这里提供一个很有效的方法，施行"AFIR 模型"，即行为（Action）、感受（Feeling）、影响（Impact）、要求（Request）予以解决。"AFIR 模型"的具体步骤如下图所示。

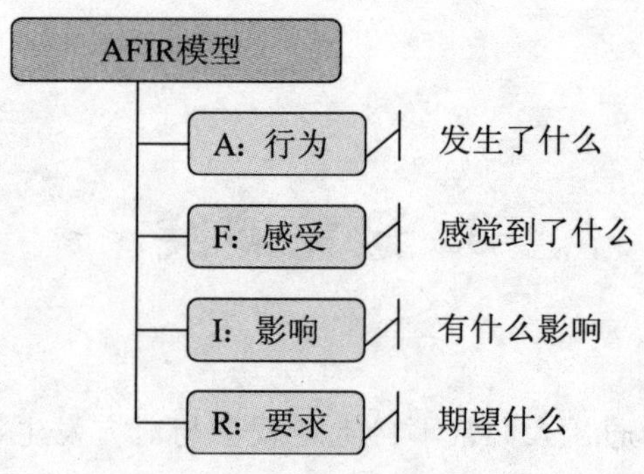

“AFIR 模型”的具体步骤

实际上，使用 AFIR 模型避免冲突主要有两个阶段。

第一个阶段：沟通之前。

在沟通之前，为了控制自己的情绪，避免出口就是责备，你应该提前准备一些问题，以免对方产生对抗。对此，你可以针对当前的信息，依次提出 AFIR 问题：发生了什么（行为）？我感觉到了什么（感受）？有什么影响（影响）？我期望什么（要求）？

例如，某同事总是迟到早退，导致团队工作进程落后，必须立即解决。这个时候，你首先要自问以下四个问题。

（1）发生了什么？——同事不遵守办公时间。

（2）感觉到了什么？——感觉自己被利用了。

（3）这件事产生了什么影响？——我得承担他应该承担的工作。

（4）期望什么？——期望大家公平分担工作任务。

经过自问这四个问题，你会发现你的视角已经从单纯的指责转变为更富成效的看待，积极寻求问题的解决方法了。

第二个阶段：沟通过程中。

见到当事人之后，为了达到和平解决问题的目的，也需要利用“AFIR 模型”进行沟通。你可以在一页纸上写出 AFIR 四个要素：“当________（行为），我感觉________（感受），因为________（影响），你愿意________吗？（要求）”。

例如，“当你总是迟到的时候（行动），我觉得被利用了（感受），因为我必须去做本应你去做的工作（影响），我们是不是得想办法解决这个问题（要求）?”利用这个模式，对方不会急于辩解，这就为进一步对话提供了可能。

可见，使用“AFIR 模型”避免了问责式的表述，是解决冲突的有效办法。下面举例说明问责式表述与 AFIR 陈述的优劣，如下表所示。

问责式表述	A. 行为　F. 感受 I. 影响　R. 要求	AFIR 陈述及提问
你总是插话	A. 我不能表达自己的想法 F. 沮丧 I. 没有得到应有的倾听 R. 充分聆听对方	当我不能完整表述自己的想法时，我都觉得很沮丧，因为我没有得到应有的尊重。我们可不可以先让对方把话说完而不要打岔？等对方说完之后再提出反对意见，可以吗？
你在××事上花费了太多的时间	A. 花费大量时间 F. 焦虑 I. 不能去做可能更加重要的事情 R. 关注更加重要的事情	这件事花费了这么多时间，我感到很忧虑，我担心其他更重要的事情能否如期完成。我们一起来商定哪些事情需要优先完成，怎么样？
你总是迟交报告	A. 未能按时收到报告 F. 担心 I. 延误使客户不满 R. 按时交出报告	每次未能准时收到报告，我总担心这会导致延误，最终导致客户不满。我们一起来商量一个更有效的方法，怎么样？
需要你的时候总是找不到你	A. 找不到人 F. 懊恼 I. 无法获得项目发展反馈 R. 定时提供项目相关反馈	每次找不到你人的时候，我都觉得很着急，因为我无法获得所需信息。我们商量一下，约定每周见一次面的固定时间，怎么样？

“AFIR 模型”的一大优点就是化解双方的激动情绪，即使责任确实在对方时，也遵从这个模型，在对方感到无须自辩时，他们就能更深入地参与到问题的解决过程中来。

上面，我们掌握了如何避免冲突的一些技巧。接下来要做的就是提高避免冲突的能力。建议你每天早上用 3 分钟完成以下活动。

◎**第一分钟　为自己作诊断**

回想一下自己在工作中解决冲突的一些方法，想想自己是否使用了问责式问题，对方是什么态度，并诊断自己是否具有避免冲突的能力。

◎**第二分钟　改正错误**

针对自己在沟通过中出现的问题，改正不良提问方式，运用“AFIR模型”对自己进行提问，找出解决问题的办法。

◎**第三分钟　不断练习**

使用“AFIR模型”也和使用其他的沟通技巧一样，需要进行大量练习，直到能够运用自如。

避免冲突的技巧有很多，本文中我们主要讲述了沟通过程中的一些技巧，除上面的“AFIR模型”法外，还有一个有效的方法是就与其交谈的时候，要以强调而且不断强调双方所同意的事情作为开始，而不要以讨论矛盾焦点为开始。尽可能在沟通开始的时就让对方说“是”，进而在对方的心理导入肯定模式。在这种情况下，一切问题都会迎刃而解了。

4. 建立信任

与他人进行高效沟通，首先就是要建立信任关系，没有信任，任何沟通都会是无效的、失败的。信任是沟通的基础。这也是为什么在工作中，与有些人沟通起来非常通畅，而有些人就很难沟通的原因。与难以相处的人沟通，信任尤为重要。

那么，如何在沟通时，建立良好的信任关系呢？首先，你要从自身入手，具体包括下图所示的几方面。

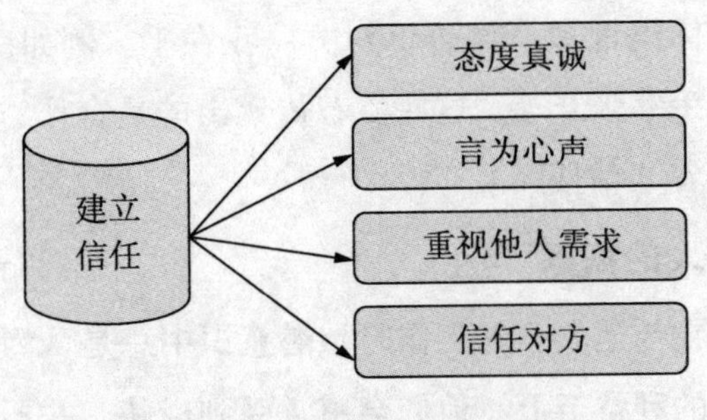

建立信任的要素

1）以真诚的态度进行沟通

真诚是赢得信任的基础。因此，想要建立信任，你必须持有一种真诚的态度。这种态度会使对方感到你是尊重他们的。在沟通过程中，你要时刻提醒自己以真诚交流为目的，这样你才能领会到可能会忽略的信息，并相应地校正自己的交流姿态。

要显示出真诚的态度，你需要在以下细节方面努力。

（1）要对对方所说的表现出真正的兴趣，专心倾听。

（2）当你说话之时，你的所指必须清晰明确，绝不能词不达意。话语避免含糊其辞、模棱两可。

（3）提出一些问题，以便更好地理解对方，但不要一味地质疑对方。

（4）不说谎。

2）言为心声

所谓“言为心声”，是指你的口头信息与非语言信息要保持一致，也就是说口头语言和肢体语言必须传递同样的信号。要知道，你的肢体语言不会撒谎，如果没有你的指示，你的身体会用它自身的语言向别人传递你的思想和感情，而对方对这些身体语言心领神会。而交流中的任何矛盾之处都会影响和谐关系的建立。

试想，你在与别人沟通时，一边低头写点子邮件，一边听对方的谈话。何种行为会让对方认为你言行不一，从而很难让别人对你产生信任。

因此，当你与他人沟通时，要确保你的非语言信号发出了正确的信息，通过你的身体语言和声调告诉对方：我在乎。例如，身体微微前倾，保持眼神接触，手掌张开等，这些姿态传递出的是合作、认同、愿意、热情和赞成，代表着“信任”。

3）重视他人的需求

难以相处者在与他人一起工作时，潜意识中总是认为你力图将自己的利益强置于他们的利益至上。他们会感觉受到威胁，并不再信任你。为了消除他们的这种认知，你必须创建一种积极的共事基调，向他们表明：你很重视他们的需求，而且希望可以尽力维护他们的利益，而不仅仅是自己的。例如，你可以对某个感觉自身利益受到你的威胁的人的说：“或许我们在某些地方不尽相同，但我很重视我们之间的关系。我很愿意协调我们之间的利益，为此，我非常想更多地了解你的内心想法”。如此一来，你就创建了一种积极的共事基调，促使对方转变对你的不信任认知。

记住，你越是了解别人，就越能够制订出应对他们的需求点的方案。

4）信任对方

要与他人建立信任关系，你还应该尽力信任对方。正如卡耐基所说：

“得到别人信任的最好方法就是真诚地信任他。”

1948 年，在英国的议会大厅举办了庆祝第二次世界大战胜利演讲会，首相丘吉尔上台演讲，他用手势止住大家的掌声，说：“我们取得成功的因素有三个。第一，你们真诚地信任我。第二，我真诚地信任你们。第三，我们时刻用真诚相互信任！”

另外，建立信任关系，除要在沟通方式上下工夫外，沟通内容也不容忽视。也就是说，在与他们对话时，你应尽力营造一种真实沟通的氛围，具体下如表所示。

非真实沟通	你真正想要说的	真实沟通
你不觉得你该和你的老板谈一谈吗?	我觉得你应该和你的老板谈一谈	你觉得你应该拿你的老板怎么办
你太安静了	你太安静了，这一点让我感觉到不安	我注意到你很安静，我的观察正确吗？如果是这样，你能告诉我为什么吗
我应该会在中午之前赶回来	我无法向你做出保证	我希望可以在中午之前赶回来，但我真的无法向你做出保证。如果我有事耽误了，再打电话告诉你，可以吗
我猜他没事	我不确定他有没有事	虽然我持保留态度，但他看起来大致没事

上面，我们学习了如何与难以相处者建立信任关系。下面你要做的是完善自己的这种能力。建议你每天早上用 3 分钟完成以下活动。

◎第一分钟　检视自己

检视一下自己与同事、客户或者他人之间的关系，看看你们之间是否具有信任关系，哪些人还对你有所怀疑，你不信任哪些人。记录下来，以便一一解决。

◎第二分钟　建立信任关系

针对不同人的特点，以及你们之间相互信任的程度，采取补救措施，强化自身沟通技巧，并尝试着利用这些技巧建立你们之间的信任关系。

◎**第三分钟　维持信任**

尽力与所有人建立起长久的信任关系，在平时的工作中加以维护。同时要注意，你与他人之间的信任是相互的，需要双方的共同维护。

总之，与难以相处的人沟通，信任尤为重要。当然，这种信任也需要靠你与对方一点一滴地去建立和维护，这需要长期地不懈努力。

5. 巧妙提问

管理学中与一句名言："当你说句号时，对方的心门将关闭；当你说问号时，对方的心门才会打开。"这句话点明了提问的重要性。确实如此，有效沟通离不开高超的提问技巧。与人沟通中，巧妙的提问能推动对话，促使你集中注意力，进而获取信息，以及重新定位讨论。

第二次世界大战中期，日本决定选举新一任的首相，推任的新首相将会影响整个局势的发展，因此西方记者都急于知道选举的结果。但因为整个投票选举过程都是秘密进行的，所以记者们都紧紧地追随参加议会的内阁大臣们，希望能够打探出究竟谁是新任首相，但是大臣们都守口如瓶。

有一个西方记者却用巧妙的提问打探出了消息。他问："请问内阁大臣阁下，新任的首相是不是秃顶？"记者问了这个问题之后，他根据对方的迟疑、思考的表现，判断出新任日本首相就是东条英机。因为日本新任首相圈定的候选人共有三个，一个是秃顶，一个满头白发，而东条英机是半秃。

通过这个例子可以看出，通过巧妙提问，能够获得一些自己所需的信息。当然，在沟通中，有效的提问还需要一些技巧，具体包括以下几个方面，如图所示。

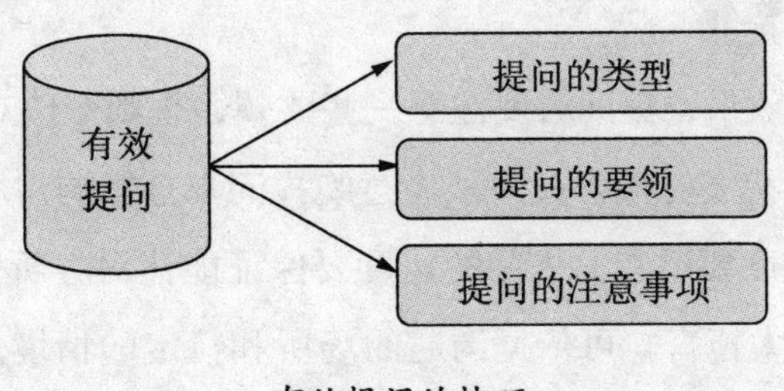

有效提问的技巧

1）提问的类型

要掌握提问技巧，你需要熟悉各种类型的问题，并且知道该如何运用。提问问题的类型最常见的主要是开放式提问和封闭式提问两种。两种类型问题的主要特点如下表所示。

类型 项目	开放式提问	封闭式提问
特点	不限定问题的答案	问题的答案仅限于“是”或“否”或者其他非常简短的回答，有碍于进一步的讨论
作用	能使对方在深思熟虑后做出回应，无法回答“是”或“不是”。它能使对方主动参与进来，扩大讨论范围，促使对话不断深入，揭露容易被忽略的问题，明确并保持讨论的目标	有助于阻止漫无边际的谈话，获得明确、具体的信息。假设一个愤怒的客户一直在抱怨你们公司的服务不到位，你可以问他以下封闭式问题：“请问您有没有和我们的经理谈过？”这个问题只容许他回答“是”或“不是”，因此，你能控制局面
开头词汇	什么、如何、为什么……怎（么）样	“是否”“有没有”
示例	什么让你得出这样的结论 你打算如何执行这个计划 为什么你觉得自己受到了不公平的对待 你认为有什么改善的办法 你喜欢你工作的哪些方面	你告诉他了吗（只能以“是”或“不是”来回答） 这是什么时候发生的（只需要星期、日期、时间的简短答案） 你有没有改善的办法 你喜欢你的工作吗

在实际运用中，开放式问题与封闭式问题应结合起来，灵活运用，并充分利用两种提问方式的独特优势，来弥补各自的不足。

2）提问的要领

为保证沟通效果，提问时要注意一些要领，否则会使对方产生反感。

（1）提问时机要正确。过早或者过晚提问都会影响沟通效果。

（2）提问速度要适宜。提问的速度要保证能让对方听清楚你提出的问题，又不会觉得太拖沓。可依据沟通的场所和特定的情境及提问的对象来确定速度的快慢。

（3）提问内容要适度。需结合对方的谈话内容，提出相关的问题，不要脱离主题。

3）提问的注意事项

在提问过程中，要注意把握以下几点。

（1）提问时的态度一定要足够礼貌和自信，不要鲁莽。

（2）提前准备好一些问题。选择问题时，一定要给对方留下足够的回答空间，在对方回答问题时尽量避免中途打断。

（3）提出的问题必须通俗易懂，不要让对方感到摸不着头脑。记住，要想得到明确的回答，就必须明确地提问。

（4）不强行追问。

（5）提出的问题要尽量简洁。

（6）注意对方的心境。

（7）避免提出陷阱式问题。

陷阱式问题就是借着某些问题引导对方按照我们的意愿去说或做。于是，提问人在提问时，会不自觉地将自己的一些陈述、指控或者建议隐藏在问题中。例如，"你以为结果会怎样?"这里的问题不在于询问而在于表态："你怎么这么无能，这都不明白?"别有用心的陷阱式问题会让对方心怀戒备，从而妨碍双方的沟通。若真想通过提问的方式去促进对话，要满怀真诚的好奇心以及渴望理解的意愿。

善于提出问题是一项重要的技能，而如何巧妙地提出问题却是一门艺术。在与人沟通时，你应积极地运用这种技能，同时，还要加强使用这种艺术的能力。建议你每天早上用3分钟完成以下活动。

◎第一分钟　检视自身

检视自己的行为，回想自己是否正确运用了提问的技巧，提问时使用哪种类型的提问方式较多？沟通效果如何？并找出不足之处。

◎第二分钟　提问准备

在使用提问的技巧之前，你应该做好准备，准备一些有意义的问题，并从之前的错误中吸取教训。特别要注意，在提问别人之前，首先自问：

“这是一个真正的问题，还是别有用心的陷阱式问题?”

◎**第三分钟　正确提问**

根据提问的要领和注意事项及实际情况，进行正确的提问。

进行正确的提问，主要是指要根据实际情况，选择问题的类型，做到灵活应用，达到有效沟通的目的。那么，如何使用各种类型的问题呢？如下表所示。

问题类型	使用条件
开放式问题	（1）为了澄清遗漏的信息 （2）为了明确并保持讨论目标 （3）为了获得更深层次的了解 （4）为了帮助对方澄清他们的想法 （5）为了扩展讨论范围
封闭式问题	（1）为了获得非常具体的问题的答案 （2）为了打断一个自说自话、没完没了的人，控制谈话
陷阱是问题	永不使用，这对于开展有效沟通毫无意义

6. 应对负面情绪

在与难以相处者沟通时，很多时候，双方都持有一种负面情绪。如果你不能巧妙应对自己以及对方的负面情绪，就不可能进行有效沟通。试想，当你怒气腾腾或者心烦意乱时，是不是非常容易失控，想大声吵闹以便发泄？这时候你根本无法倾听任何话语，开展富有成效的讨论也就无从谈起。

李开复在苹果公司工作时，曾经开过一次会。当时，一位员工因为自己的妻子和朋友被裁员，对公司的政策非常不满，就将怒气都发在了李开复的身上。他当面说出了一连串很难听的话。当时，李开复非常气愤，真想立即反骂回去，但他随即想到：保护自己的亲人是人之常情，应予以理解。另外，虽然那位员工表现很粗鲁，但肯定有很多员工也持有同样的想法，只是不敢表达出来罢了。作为部门总监，代表的是公司的利益，不能因为一时的愤怒而影响了正常工作的进展。

于是，李开复冷静地告诉那位员工："现在这个时候，对你、对我、对公司来说都是非常困难的时期。我理解你的心情。等你冷静下来，如果有什么建议，请你告诉我你认为最合适的做法是什么，我们可以认真聊一聊。"

后来，他们圆满地解决了问题。那位员工还私下向李开复道歉，感谢他保留了自己的面子，此后，他们之间建立了很好的关系。

由此可见，当沟通双方有负面情绪时，你首先要做的就是处理好此类情绪，之后再把对话引回实质性议题。应对负面情绪主要包括两个途径：一是回应他人的情绪；二是管理自己的情绪。

1）回应他人情绪

你的某位同事向你控诉公司对他要求过于苛刻、挑剔，而实际上是因为他有拖延的恶习时，要想有效地改变他的拖延习惯，你必须先处理好他的情绪。你应该向他表示已知悉并理解了他的感受，即使你心里并不认同，也不要立即反驳。先让他发泄部分怒气，然后再提出一些澄清式问题。待其情绪冷静下来，再引其回到眼前的议题。

那么，具体如何管理他人情绪呢？方法如下图所示。

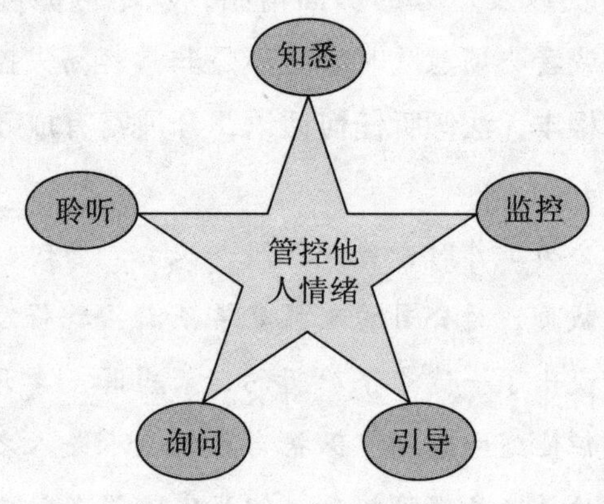

管控他人情绪的方法

具体说明如下表所示。

方　法	说　明
知悉	告知获悉他们的感受，表达你的理解（你认为你确有晋升资格，却未能如愿，这使你感觉很不爽……对吗?）
聆听	当他人发泄怒气时，你要积极听取，不要打断或为自己的立场辩解。待他们发泄完了，情绪就会平复下来
询问	提出澄清式问题，表示你愿意积极参与，并引发对话（“请告诉我，为什么你认为他是蓄意陷害你?”）
监控	在继续讨论实质性问题之前，密切注意观察他们的声调以及身体语言，以判断他们的情绪是否已经平复
引导	处理好他们的情绪之后，引导他们进行实质性问题的讨论（“我尊重你的感觉，不过，我们需要讨论一下这个问题，可以现在或者改天进行。”）

管控他人的负面情绪最关键的一点是不要尝试去“解决”他们的问题，帮助他们将注意力集中在他们的个人目标上，并引导他们思考“可以”做的努力以及造成的影响，进而化解他们的负面情绪。

2）控制自身情绪

当你自身情绪失控时，很可能会说一些或做出一些让你后悔莫及的话或事情，丧失自己的信誉。因此，你必须学会控制自身情绪。

首先，当你面对难以相处的同事时，务必要保持优雅和冷静。具体可以采用以下方法。

（1）在心理上把自己从当前的情境当中抽离出来，成为一个客观的旁观者。

（2）保持沉默。克制立即回应的冲动，默默地坐着，稍候片刻，就能恢复平静。

（3）接受他人的负面情绪。如果你不想看到的人和事出现或发生，不要抗拒它，试着去接受他。

当你感觉被压力逼迫得喘不过气来时，你的情绪非常容易失控，此时，你也必须学会控制你的情绪。

（1）深呼吸法。当你感觉过分紧张、烦恼、恐惧时，可采用深呼吸的方法放松自己，即深深地吸气，慢慢地呼气，使自己的身心放松。

（2）暗示法。问自己：“我感觉如何?”“这房间的情绪温度如何?”这将帮助你更好地控制自己的情绪。

（3）转移法。当火气上涌时，有意识地转移话题或做其他的事情来分散注意力，可使情绪得到缓解。

实际上，很多问题产生并不在情绪本身，如何化解负面情绪，就要看你如何去拓展你情绪上的选择空间，也就是看你的情绪运用的能力。只有当你有了较强的情绪运用能力时，你才能对这些情绪产生新的想法并赋予它们新的价值。那么接下来要做的就是加强你情绪运用的能力。建议你每天早上用3分钟完成以下活动。

◎**第一分钟　辨别情绪**

辨认一些负面情绪和想法，想想自己最容易接受自己和他人的哪种情绪？自己或他人是否具有某种习惯性的情绪强度？最近是否发生过因为情绪失控导致的沟通失败，具体发生了什么？牵涉到哪些人？都有何种情绪信号系统？

◎**第二分钟　界定情绪**

界定负面情绪的时空范围，当别人的言行让你恼怒或不满或者他人出现负面情绪时，要查明原因，表示同情和理解，以便找出更好的解决方法。

◎**第三分钟　管控情绪**

回想自己通常是如何调节和控制情绪的，这些方法是否有效？并设计一个管控自己和他人情绪的行动计划，用详细的语言描述出来。当你或他人情绪失控时，先找出原因，然后尽力去改变它，进而形成习惯。

实际上，在人际交往中，双方情绪的好坏直接影响着沟通的效果。你必须对这些负面情绪采取合理的应对方式，创造一个良好的沟通环境。

7. 化解文字误会

沟通的形式主要有两种，即口头沟通（面谈、电话交谈等）和书面沟通（书信、电子邮件等）。两种沟通形式各有所长，应灵活应用。但是要注意的是在采用书面沟通方式，特别是在使用电子邮件时，应注意避免可能引起的文字误会。

2006 年网络上盛传的“邮件门”事件，就是典型例子。2006 年 4 月的一个晚上，EMC 大中华区总裁陆纯初回办公室取东西，却发现自己没带钥匙。想联系自己的私人秘书瑞贝卡却一直没有联系到。为此，陆纯初非常生气，认为瑞贝卡没有尽到工作职责，于是第二天一早就通过内部电子邮件系统用英文给瑞贝卡发了一封措辞严厉且语气生硬的谴责信。同时还传给了公司几位高管。

面对大中华区总裁的责备，瑞贝卡也非常恼火，两天后，瑞贝卡也以邮件群发大中华区员工的形式回击了总裁。并在邮件中畅快淋漓地，甚至有点咄咄逼人地回击了总裁的所有指责。

令他们没有想到的是，瑞贝卡的邮件竟然迅速在外企白领中传播，引起了轩然大波，一度被称为“邮件门事件”。而这个事件的直接后果就是瑞贝卡辞职，陆纯初也由于此事件，很快就被 EMC 调离原任。

仔细分析“邮件门”事件，不难发现，不论是总裁还是秘书，他们因为没有控制住自己的情绪，结果引发冲突，最终导致两败俱伤。

可见，在书面沟通，尤其是通过网络的电子书面沟通（如邮件、BBS 留言、博客等）的方式下，为了确保信息的精确，以及传达恰当的情绪，必须要谨慎，避免在冲动时写邮件或者书信。在沟通中，特别要注意下图所示问题。

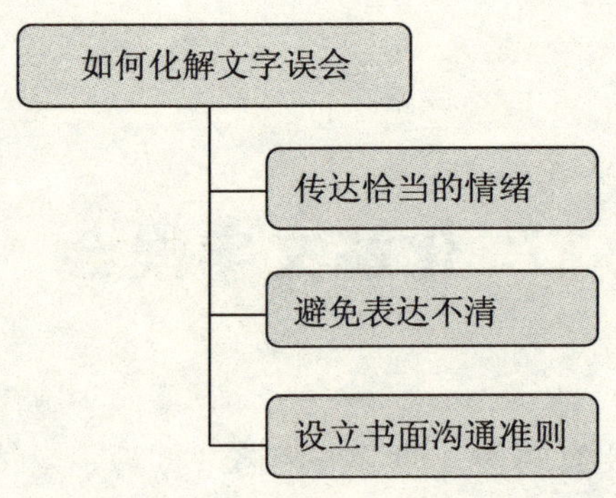

化解文字误会的方式

1）传达恰当的情绪

研究显示，在面对面的沟通中，有近65%的信息是通过非预演信息（如语气、音调、音量以及肢体语言等）传达出来的。而在书面沟通中，由于缺乏这些非语言信息，你发出的信息可能会被曲解为唐突、生气、挖苦、责备或者不满意等。因此，在使用书面沟通方式（主要是电子邮件）时，要慎重考虑你所表现出的语气和态度，发送之前通读一遍，确保邮件恰当表达了你的意思。

2）避免含糊不清

进行书面沟通，特别是使用电子邮件时，你传达的信息必须准确、简洁，才能引发收件人的注意。因此，在使用电子邮件时，要注意以下细节问题。

（1）信息要简洁、易懂，直抵要害，如“我同意你的意见，于每周一晚上开会讨论项目进程”。

（2）将自己的观点、想法整理清楚，按逻辑顺序以简短的段落或要点的形式表现出来，不要混在一大段结构不清的段落之中。

（3）避免有可能引起混乱的含混评论或要求，尤其在同事讨论多个议题的情况下。

（4）尽量在一封邮件中只涉及一个话题，避免收件人忽略其中的某个议题。

（5）邮件中应清楚标明主题，并写上自己的姓名。

（6）如果你收到了让你感到困惑的邮件，应立即回复，明确指出使你感到困惑的地方，要求对方予以澄清。

3）设立书面沟通准则

有时，当你情绪非常激动，或者需要直接面谈复杂问题时，依靠电子邮件可能会引起严重的冲突或过激的反应。这时，设立一套书面沟通准则可以时刻提醒你避免类似错误。

（1）不发送信息过多、篇幅过长的邮件，应先发送一个议事日程或者打个电话。

（2）电子邮件仅适用于告知资料、信息或安排面谈。

（3）任何感性信息都应以电话或者面谈的沟通方式进行。

（4）发送前要通读，特别是回应他人的问题，更要加以仔细思考，在确保你所写的确实是你想说的之后再发送。

（5）绝不轻率地对所有人回复或者发送给所有人。在按下“回复/发送所有”前，先确定你是否真的需要这么做。

（6）设立24小时条例。

所谓24小时条例，即将你在情绪激动时所写下的邮件，搁置24小时之后再发送，确保你的所作所为都是理智的。例如，案例中的“邮件门”事件，充满怒气的邮件只会伤害彼此的感情，引发纠纷。与其事后解决冲突不如事前冷静24小时，待你的情绪平静下来，再写一封更有建设性意义的邮件。

上面我们了解了采用书面沟通方式时应注意的问题，接下来要做的是，在平时工作中加强书面沟通的能力。建议你每天早上用3分钟完成以下活动。

◎第一分钟　检视自己

回想自己以往在进行书面沟通时是否有过失误？原因是什么？记录下来，提醒自己不要再犯类似错误。

◎**第二分钟　稳定情绪**

在你写电子邮件或书信之前，先整理自己的情绪，确保自己处于理性的状态。

◎**第三分钟　认真核查**

写完邮件后，认真通读并核查几次，确保所写内容准确，没有歧义，文字拼写正确，并检查内容是否讲述清楚，时间、人物、地点、关键主题等要交代准确。同时，写信时要经过反复思考，要将你的想法以简单的语言完整表达。

总之，在现代办公环境下，使用电子邮件进行沟通已经成为很普遍的沟通方式，在使用这种沟通方式时，除了要避免文字误会外，还应当知晓电子邮件的相关礼节，以免产生不必要的麻烦。

8. 让人喜欢你

在人际沟通中，有一种心理学现象，叫“两情相悦效应”，即喜欢引起喜欢，也就是说，决定一个人是否喜欢另一个人的最强有力的因素，是另一个人是否喜欢他。只有在互悦基础上，一方才更容易接受另一方的某些观点、立场，就算对方提出的要求、任务让对方感觉很为难，也不会轻易拒绝。

与难以相处的人沟通也一样，要想进行有效沟通，让对方支持、同意你的观点、行为，仅仅提出良好的建议是远远不够的，还必须让他们喜欢你。

美国前总统西奥多·罗斯福一直是个受欢迎的人，连他的仆人都喜欢这个主人。也正是因为这一点，罗斯福的黑人男仆詹姆斯·亚默斯写了一本关于他的书，取名为《西奥多·罗斯福，仆人的英雄》。在那本书中，亚默斯讲了这样一个故事：有一次，我太太问总统关于一只鹑鸟的事。她从来没有见过鹑鸟，于是他详细地描述一番。没多久之后，我们小屋的电话铃响了。我太太拿起电话，原来是总统。他说，他打电话给她是要告诉她，她窗口外面正好有一只鹑鸟，又说如果她往外看的话，可能看得到。他时常做出这类小事。每次他经过我们的小屋，即使他看不到我们，我们也会听到他轻声叫出：“嗨，詹姆斯!”“嗨，安妮!”。不仅如此，罗斯福总是真诚地对待他人，他对白宫里所有的佣人，甚至做杂务的女仆，都能准确地叫出名字并问好。这样的一个人恐怕很难让别人不喜欢他。

可见，想拥有良好的人际关系，进行高效的沟通，就不能忽视让他人喜欢你这一原则。要想做到这一点，你需要从下图所示的几方面努力。

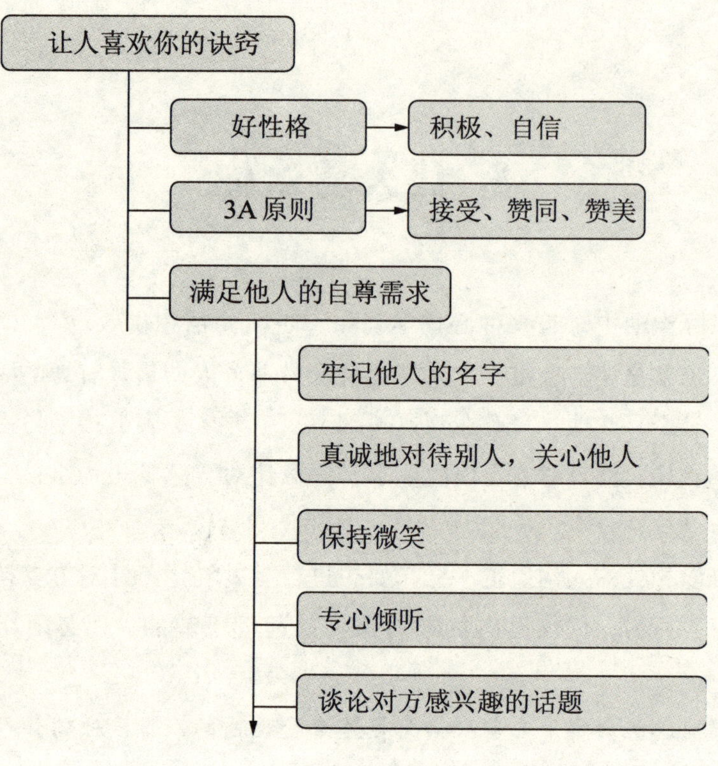

让人喜欢你的诀窍

1）塑造好性格

在人际交往中，有两个最受人喜欢的性格，那就是积极、自信。积极、乐观、自信的人富于感染力，他们开朗，豁达大度，与之相处，如沐阳光，自然令人感到愉悦、畅快。

2）遵循“3A”原则

所谓“3A”原则，是指与人沟通时应遵循的三个原则，即接受（Accept）、赞同（Agree）、赞美（Admire）。具体如下表所示。

3A	说 明
接受	你无法去改变一个的性格，但你能改变自己，尊重对方并欢迎他，认可他，他就会喜欢上你

续表

3A	说　明
赞同	对别人引起你共鸣的观点坦率而真诚地表示赞同，会给人知己之感。处处抬杠和反驳则会引起不必要的矛盾
赞美	真诚的赞美会引起别人行为发生自己所期待的改变。指责和批评则让他人表现更坏

3）满足他人的自尊需求

满足他人的自尊需求，你能更容易受到他人的欢迎。这包括多个方面。

（1）记住对方的名字和一些私人信息。美国人际关系学家戴尔·卡耐基曾说："记住人们的名字，而且很轻易就能叫出来，等于给予别人一个很巧妙而又有效的赞美。"记住对方的名字，会让对方觉得自己受到了重视，能够让你迅速获得对方的好感。

（2）谈论对方感兴趣的话题。通达对方内心思想的妙方，就是和对方谈论他最感兴趣的事情。为此，你要抛开自己潜在的"自我中心"意识，让对方成为舞台的主角。

（3）做一个好听众。耐心而专注地听对方说话，会让对方感到自己受到重视，从而获得自尊的极大满足，他会对给予他这种满足的倾听者抱以特别的好感。

（4）真诚地关心他人。要想让他人喜欢你，愿意帮助你，那么，你首先要主动去关心他，让他受感动，他自然就会回报你。

（5）保持微笑。做一个微笑者，微笑会让人了解到："我喜欢你，你使我快乐，我很高兴与你共事。"

上面，我们学习了如何才能让他人喜欢你。接下来要做的是在平时工作中加强这种能力，让所有人都喜欢你。建议你每天早上用 3 分钟完成以下活动。

◎第一分钟　自我剖析

剖析自己的性格特点，在一页纸的左边写出自己令人喜欢的性格，右边写出自己令人讨厌的性格，并进行对照，保持优点，改善消极的性格特征。

◎第二分钟　学习他人

观察那些令人喜欢的人，学习他们为人处世的一些技巧，结合自己的性格特点，找出一套最适合自己的沟通方法。

◎第三分钟　运用技巧

在实践中运用学到的技巧，总结相关经验，坚持一些交往原则，不断练习，直到你赢得了他人的喜欢，并将这种状态维持下去。

实际上，要达到让别人喜欢你的目的，坚持以下原则即可。

（1）互益原则。在沟通中使双方都能满足各自的需求，才能发生并保持接近的心理关系，表现为友好的情感，反之就可能彼此疏远。

（2）诚信原则。在沟通中，只有彼此抱着心诚意善的动机和态度，才能相互理解、接纳，在感情上引起共鸣，进而建立起信任关系。

（3）尊重原则。尊重别人，别人才会尊重你。

（4）宽容原则。对非原则问题不斤斤计较，要宽以待人，求同存异，以德报怨。

9. 避免争论

不管什么形式的语言冲突，都不利于双方的有效沟通，特别是在同级管理者之间，个人的自尊心等因素会使冲突越演越烈。而这个状况则是妨碍高效沟通的一大阻碍。为此，在与难以相处的人沟通时，即使你再生气也要避免争论，正所谓“有理不在声高”。

为什么要避免争论呢？原因在于没有人能在争论中获胜。因为在争论中，倘若你输了，那就是输了；如果赢了，你照样还是输了。因为如果你击败了对方，将对方的论点驳斥得一无是处，你就使他丢了面子，伤害了他的自尊，他就会怨恨你的胜利，进而怨恨你这个人，而且，最郁闷的是，他仍然保持自己原有的观点和态度。

所以，不要辩论，在与人沟通中，要记住从争论中获胜的唯一秘诀就是避免争论。

美国一位内阁部长就非常精于此道，内阁会议上，他总是面含微笑，一动不动地坐在那里听大家发言。除了偶尔发言外，他从不参与争论，即便其他部长吵得翻天覆地，他也会处之泰然，适时地提出自己的看法，而且他的看法似乎包括了大家的不同观点，人们都非常喜欢这位内阁部长，他的意见经常被人接受，连总统也不反对他的意见。

那么，当有人提出不同观点时，怎样才能避免与其产生争论呢？不妨从以下几方面入手。

（1）欢迎分歧。要欢迎别人提不同的意见，因为有些分歧或许能为你提供一个挽回损失的好机会。所以，你要大度，要敢于接受、承认别人合理的观点，而不做人身攻击。

（2）不要相信你的直觉。当有人提出不同意见的时候，你自然的反应就是自卫。这时，你要保持冷静，当心你的直觉反应，因为这可能是你最差劲的地方，而不是你最好的地方。

（3）延缓行动，建议当天稍后或第二天再进行讨论，以便让双方都有足够时间将问题考虑清楚。

（4）争辩只是手段，不是目的。说服对方，解决问题才是最重要的。为此，你可以采用下表所示的方法。

说服方法	说　明
利用人的本性	想办法了解她们的真实需求，按照她们的本性去说服他们
倾听	让你的反对者有说话的机会，让他们陈述他们的情况或理由，不要抗拒、防护和争辩。否则，只会增加彼此沟通的障碍
谨慎回答	回答前稍作停顿，答案不能太长，否则易给人理不直气不壮之感；也不能太短，避免让对方误解你不重视他的意见
适当地让步	给人台阶下
强调相同点	找出你与对方观点一致的地方，在新一轮的发言之前先强调这个方面。这样对方会感到更满意，甚至感到主意是他自己的
阐述你的需求	温和而准确地叙述你的情况和理由。不靠嗓门压人，如果你能以有制节的音调和语气道出你的理，效果会很好

其实，还有一个很好的方法可以让双方在剑拔弩张的气氛中，轻松地化解激烈的争论，那就是幽默。适度、合理的幽默能使激化的矛盾变得缓和，从而避免出现令人难堪的场面，化解双方的对立情绪，使问题更好地解决。这一点我们可以向苏联总统戈尔巴乔夫学习。

1988 年 7 月，戈尔巴乔夫与日本首相中曾根举行了一次会谈。戈尔巴乔夫说："据说，在日本居然有人说什么今后只要日本持续不断地增强经济力量，苏联便将乖乖地屈服于日本的经济合作。殊不知，这是大错特错的，苏联决不屈服。"

中曾根反驳道："尽管如此，两国加深交流也是重要的，阻挠两国关系发展的，正是北方领土问题。我毕业于东大法律系，你毕业于莫斯科大学法律系。我们俩同属法律系的毕业生，理应了解国际法、条约和联合国声明是何物。国际上都承认日本的主张是正确的。”

这时，戈尔巴乔夫笑容可掬地答道：“我当法律家亏了，所以变成了政治家。”戈尔巴乔夫的一句俏皮话，使双方的紧张气氛得到了缓解，谈判得以继续进行。

在与难以相处者沟通时，要避免争论，只靠技巧和方法是不行的，最主要的还在于人。也就是说，当你意识到自己的想法、意见与人相左时，当你的言行遭人非议时，你必须先控制自己的情绪和行为，争取树立一个积极和谐的讨论问题的环境，而不是争论。

那么，怎样在实际工作中熟练处理异议，避免争论呢？怎样将这些方法变成自身能力呢？建议你每天早上用 3 分钟完成以下活动。

◎第一分钟　冷静思考

在你想争论之前，冷静思考一下，争论有什么意义，是基于理智还是感情原因？对方是充满敌意的吗？如果是你的感觉在作怪，或者对方有敌意，那么，绝不要争论。

◎第二分钟　建立愉快、和平的“争论”环境

争论是解决问题的一种手段，因此，你要将争论引向“积极争辩”的双轨，而不是一场语言冲突。

◎第三分钟　建立约束准则

为自己建立一个避免争论的准则，约束自己的行为，如不立即反驳，避免做出任何不公正或不公平的事情，并提醒自己，解决问题才是关键。

总之，要避免争论，你需要在理性的基础上，再利用一些技巧和方法化解矛盾，尽量将讨论的话题引向解决问题的正面讨论。

10. 暗示他的错误

与难以相处的人打交道，特别是在指出他人的错误时，直言不讳往往会引起他人的反感，以致引起不必要的冲突。为此，你要学会迂回沟通，旁敲侧击，使用委婉含蓄的语言或行为暗示他的错误。这既可以让他人明白自己的错误与过失，又能够使他欣然接受你的意见，进而达到有效沟通的目的。

19世纪美国零售巨头约翰·华纳梅克有一次去巡视旗下百货公司，他注意到有位客人站在柜台前等着买东西，却久久不见有店员上前招呼。原来那些店员都围聚在角落里嬉笑打闹，根本没有注意到有客人来。

华纳梅克见状，忍住怒气，他明白发怒解决不了问题，然后他想到了一个方法：他热情地迎上前去，接下客人已经选好的礼品，然后走到那些店员面前，交给一名店员将之包好，然后才走回自己的办公室。

此后，华纳梅克的百货店再也没有出现类似的情况。

由此可见，有时候，要指出别人的缺点，要记住与其给他当头一棒，不如旁敲侧击，给他一点暗示，间接地、隐蔽地暗示对方注意自己的错误，就会受到他人的尊敬和爱戴，如下图所示。

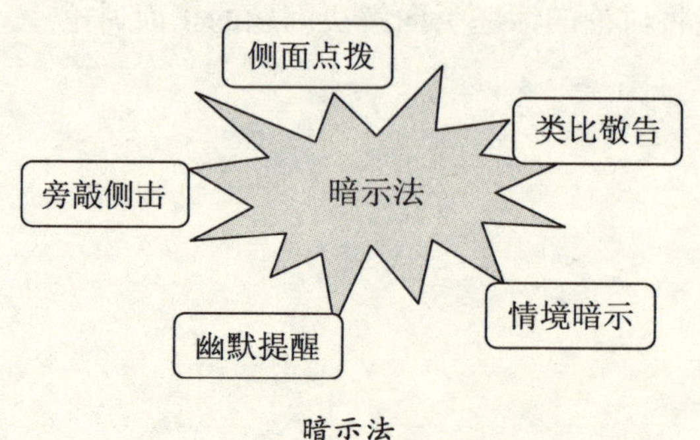

暗示法

1）旁敲侧击

不直接对某一事物、某一个人进行评说，而是仅说出与它们相关联的方面，引导对方猜出其言下之意，最终达到批评教育的目的。所谓“余意尽在不言中”，只是间接隐蔽地给对方以启示，这就是“旁敲侧击”的特点。从心理学的角度看，这种做法是为了尊重人，使接受批评者不受伤害，同时，利用该方法不会使双方产生对抗，你用含蓄、间接的方法就足以对对方的心理和行为产生影响。这种影响表现为让对方接受你的建议和意见，并按一定的方式去行动。

2）侧面点拨

不直言相告，而是从侧面委婉地点拨对方，使其明白他的错误，这一技巧通常借助于问句的形式表达出来。例如，罗斯福（前美国总统）在海军任职时，他的朋友向他打听美国新建潜艇基地的消息。罗斯福不想泄密，又不想得罪朋友，便委婉地问：“你能保密吗?”朋友连忙答道：“能。”罗斯福紧接着他的话说：“我也能。”就这样，他暗示了朋友的错误。

3）类比敬告

以两种事物具有的某一相似点作类比，暗示敬告对方言行的失当。例如，假设在一次业务谈判中，你的员工顶撞了对方。对方气冲冲地给你打电话：“如果你们不向我保证撤销上次那个蛮横无理的工作人员的职务，就显然是没有和我公司达成协议的诚意。”你就可以这样回答：“对于员工的工作态度问题，如何处理是我们公司的内部事务，无须向贵公司做什么保证。这就同我们并不要求你们公司一定要撤换那位与我公司有冲突的人的职务一样。”相信，对方一定能听出你的“弦外之音”。

4）情境暗示

可以选择或设置一个适当的情景，向对方做出与之相似的言行，然后再稍加点拨，使对方明白自己的意图，如华纳梅克的做法。

5）幽默提醒

利用幽默暗示一下对方的错误，但要注意玩笑不能开得太过火，以免伤及他人自尊。

近代电磁学的奠基人法拉第有一次在做完电磁感应理论演讲以后，一个贵妇人有意挖苦他说："教授，你讲的这些东西有什么用处呢？"法拉第诙谐地回答说："夫人，你能预言刚生下的婴儿有什么用吗？"法拉第用幽默的思考方式暗示对方的错误，化解了一场可能的冲突。

上面，我们学习了一些暗示他人错误的方法。接下来要做的就是将这些方法变成自身一种技能。建议你每天早上用 3 分钟完成以下活动。

◎第一分钟　检视自身

检视一下自己在批评他人时，一般采用哪种方法，效果如何？是否使用过暗示的方法？具体是如何做的？回想自己处理的最好的一次，在大脑中回演，以汲取经验。

◎第二分钟　总结方法

总结一下在工作中怎样使用暗示法更合适，在何种情况下迂回沟通更有效果？记录下来，积累经验。

◎第三分钟　回避错误应用

反思自己在使用暗示法时，是否伤害到了对方。记录下来，以防再犯。

总之，在沟通中，如果你能巧妙地运用暗示法，使之与领导权力巧妙结合，则会使工作取得锦上添花的效果。

11. “讨好” 的艺术

人人都喜欢被赞美，难以相处者也不例外。美国著名社会活动家曾推出一条原则：“给人一个好名声”，让他们去达到它。这样一来，他们会做出惊人的努力，绝对不会使你失望。事实上，当某个人具有某些长处或取得了某些成就后，如果你能以诚挚的敬意真心实意地赞扬他，那么他就可能会变得更通情达理、更乐于协作。所以，与难以相处者沟通时，别忘了去“讨好”他。

美国《幸福》杂志是世界名刊，其下属的名人研究会对美国500位年薪50万美元以上的企业高级管理人员和300名政界人士进行了一项调查，调查表明：93.7%的人认为在人际关系中，学会赞美他人最为重要。日本东京国民素质研究会在总结日本第二次世界大战后迅速发展的原因时，也指出日本国民的一大优点是：对外人不停地鞠躬，不停地说好话。可以说，善于赞美别人是日本走向世界的一个重要原因。

可见，学会赞美他人，是与人有效沟通的一大诀窍。但是,“讨好”他人也要艺术地去“讨好”，否则就会有溜须拍马之嫌。具体应该如何去做呢？下图列出了具体做法。

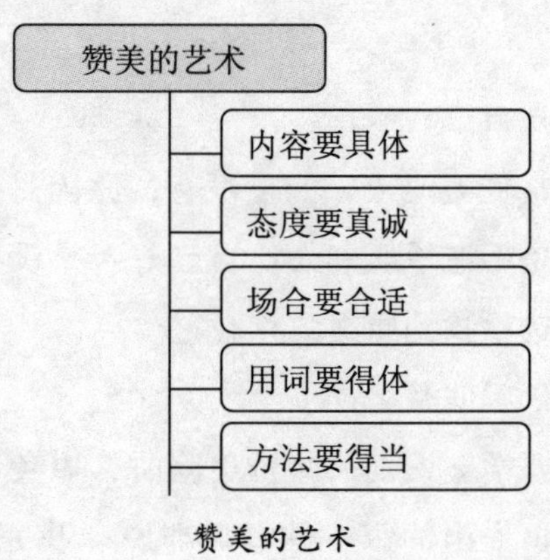

赞美的艺术

具体内容如下表所示。

赞美的艺术（原则）	说　明
内容要具体	赞美要具体、确切，不能含糊其辞，赞扬要依据具体的事实评价，不可言过其实，或言不由衷
态度要真诚	赞美时要有发自内心的真情实感，不要敷衍，要做到这一点，在赞美时，你要学会找到赞美点，这包括： （1）外在的具体的。如衣着打扮（穿着、领带、手表等）、头发、身体、皮肤、眼睛等 （2）内在的抽象的。如品格、作风、气质、学历、经验、气量、心胸、兴趣爱好、特长、做的事情、处理问题的能力等。 （3）间接的关联的。如籍贯、工作单位、邻居、朋友、职业、用的物品、下级员工、有亲戚关系的人等
场合要合适	赞美要相机行事，适可而止，因此赞美时要符合当时的场景
用词要得体	赞美的语言要得体，不能夸大其词，同时注意观察对方的状态，如果对方恰逢情绪低落，或有不顺心的事情，过分的赞美往往会让对方觉得不真实
方法要得当	可以根据实际情况采取赞美的方法，如间接赞美法，可以背后说人好话，或者借助第三方赞美对方

爱听赞美的话是人的天性，人人都喜欢正面刺激，不喜欢负面刺激。在与难以相处的人交往时，如果你赞美他们，善于夸奖他们的长处，那么你与他们之间的关系将会大大改善，变得更和谐，而易于沟通。

上面，我们讲述了“讨好”他人的一些技巧和方法。接下来要做的就是将这些方法变成自身一种技能。建议你，每天早上用3分钟完成以下活动。

◎第一分钟　检视自己

检视自己是否经常赞美他人，如果没有，原因是什么？是因为害怕对方怀疑你的用心，还是不愿承认别人比自己好？是没有认真发现他人的优点，还是觉得无法表达？找到原因，克服它。

◎第二分钟　识别虚假赞美

在工作中，你也要学会识别一些赞美陷阱，以免自己误入其中，惹人讨厌。如对上司或同事提出的每一件事，都说“我完全赞成”，从不发表不同意见或建议；经常用贬低自己或其他同事的方法来赞美另外一个人；别有用心地用赞美的话语来指使别人为自己办事；故意出丑博取他人一笑，等等。

◎第三分钟　正确赞美

根据实际情况去赞美他人。牢记赞美要坦诚得体，必须说中对方的长处。不要过于明显地讨人好，要把每一次赞美当做一次学习的过程，这样别人才会喜欢你。

总之，赞美他人作为一种沟通技巧，不是随口说几句好听的恭维话就可奏效的。事实上，赞美他人必须遵循一定的原则和技巧，“出口乱赞”只会让别人认为你是在拍马屁、奉承，结果是适得其反。

12. 对事不对人

在与他人沟通时，特别是在批评某人或讨论某个话题时，应就事论事，将人和事分开，决不能进行人身攻击，不可揭短，要就事件本身阐述其利害关系，然后解决问题，如果直接指责对方，就会产生对立的氛围，沟通就会发生障碍。

在百度的会议室里，每天都能听到有人在争论，直接反驳或争执得面红耳赤是常有的事，但出了会议室，大家依然维持融洽互助的关系，诀窍就在于所有的争论都是对事不对人的。

一次，百度公司在日本有一个产品上线，让一名经验丰富的员工负责评估。评估报告出来后，他的负责人却又让身在日本的百度日本副总裁再进行复审。这位员工很委屈，向他的上司报怨，认为公司不信任自己。为此，他的上司并未多做解释，只告诉他自己是对事不对人。结果，两次新的评估结果都与他的评估有很大出入，可以肯定是出了问题。为了解决这个问题，他们召开了一次又一次会议，重新评估，排除各方面的偏误，最后得出了一个更理想的数据。这份报告，获得了开发部门的认可，成为工作调整的依据。那位员工也明白了，他的上司只是在做应该做的事，根本没有针对自己。

可见，在沟通中，只有坚持对事不对人的原则，怀着一颗公正的心，你才能更好地解决问题。那么，怎样才能做到对事不对人呢？最主要的一点就是尊重事实，从事实出发解决问题，主要有下图所示的三个方法。

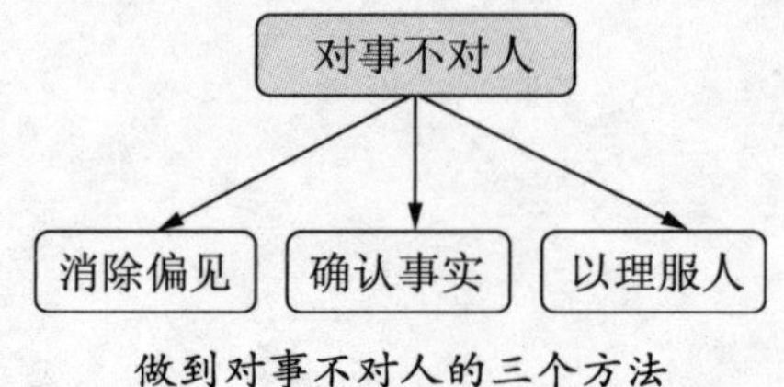

做到对事不对人的三个方法

1）消除偏见

大多数人在处理问题时都会怀有一定的偏见，也因此，他们不能客观理性地解决问题。例如，在讨论某件事时，双方都有自己的想法，却都没有提供事实，而双方又坚持各自的观点，这时就可能发生争吵，变成了对人不对事。

此时，要做到对事不对人，你就必须放弃主观立场，让自己站在没有偏见的立场上，忠于事实，并坦然接受这个事实。然后你才能洞悉问题的本质，找到正确的解决方案。这也意味着不管你的情绪如何，对于所呈现的事实，都要虚心接受，因为这是解决问题的前提条件。

所以，沟通时一定以事实为依据，只对错误的事实本身进行分析和探讨，千万不要把对对方错误行为的批评扩大到了对其本人的批评上。

2）确认事实

解决问题，首先就是要弄清事实。只有弄清事实之后，才能进一步思考什么是正确的，什么是应该做的。而人们恰恰都有一个坏习惯，就是喜欢把观点看做事实，而实际上观点仅仅是观点，是我们可怜的想象。

因此，在讨论问题时，你首先要确认事实，尽量减少主观判断、猜测或评价的语言，而更多地描述具体的客观事实本身，客观地陈述事实。

3）以理服人

要做到对事不对人，你就要以理服人。第一，你要提供事实，第二，要符合逻辑地提出一个意见。也就是说，对某件事你和对方可以有不同的看法，但首先你必须关注事实。你要了解对方是如何形成现在这种看法的，形成这种看法是基于什么样的事实。而一旦你提供了你所依据的事实，双方就会对事而不是对人进行讨论了。

例如，某员工又迟到了，你可以基于事实说："你今天迟到了 1 小时。"而不要说："你没有时间观念。"也可以说："你这个月迟到了 3 次。"而不要说："你怎么又迟到了？"这样的批评能够有效避免对方的争辩。

为了针对问题进行行讨论而避免攻击对方，还有一种简单易行的办法就是坐下来，看明白设计图、问题清单、草案或者其他任何可以说明实质问题的图表。这样，你就可以记下一些要点、数字或论点，有针对性地发表不同意见，而不对他们进行任何人身攻击，以免伤害你与他人的关系。

上面，我们学习了如何做到对事不对人，接下来要做的就是加强这种能力。建议你每天早上用3分钟完成以下活动。

◎第一分钟　营造对事不对人的沟通氛围

在沟通时，尽量营造一种对事不对人的沟通氛围，放下自己的偏见，将注意力仅仅放在解决问题上。

要达到这个目的，你可以做好这些准备：一是要不停地告诉大家，你所做的一切都不是为了让某一个人难堪，而是为了解决问题。二是你要有自我批评的勇气和意识，让别人相信你能把人和事分开。

◎第二分钟　公平行事

练习多看到对方的优点，未充分了解事实之前，不要妄下结论。一旦发现有任何不公平或不公正的事情，要尽快改正，这样才有助于你实践“对事不对人”的原则。

◎第三分钟　建立准则

为自己建立一套公平行事的准则，随时提醒自己不可意气用事，要将人和事分开对待。

当然，对事不对人的处理他人失误的方式关键在于将事摆在人前，这才有利于真正实现有效沟通。

13. 肢体也有语言

有一句话说："你的身体也会说话。"的确，与他人沟通时，你既可以透过对方的肢体语言探索其内心的秘密，也可以利用肢体语言向他人传达你的想法。有些时候，肢体语言在无声中传递的效果往往更为强烈，它有其他交流方式所无法比拟的真实性。你可以在语言上伪装自己，但你无法伪装你的肢体语言。

美国篮坛名震全球的芝加哥公牛队的黄金搭档"飞人"乔丹与"圣斗士"皮蓬曾这样说："我们两个人在场上合作得非常默契，我们相互从对方的眼神、手势、表情中了解对方的意图，于是我们传、切、突破、得分；但是，如果我们失去彼此间的沟通，那么公牛的末日将来临了。"

可见，乔丹与皮蓬天衣无缝的配合与他们的肢体语言密切相关，这也说明了肢体语言在沟通中的重要性。那么，一般肢体语言都包括哪些方面呢？如右图所示。

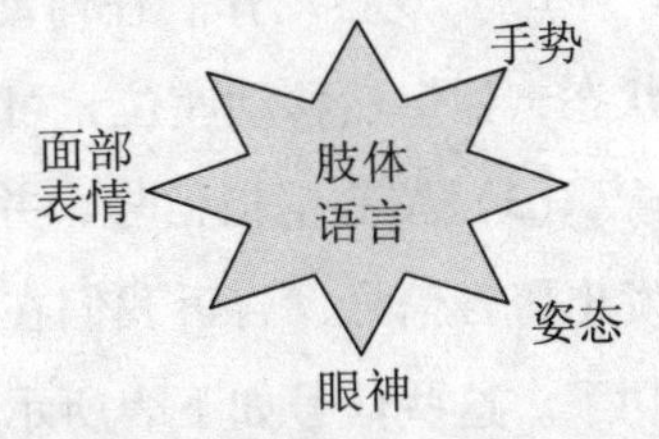

肢体语言的具体运用，如下表所示。

肢体语言	表达含义
手势	柔和的手势表示友好、商量；强硬的手势意味着："我是对的，你必须听我的。"
面部表情	微笑表示友善礼貌，皱眉表示怀疑和不满意
眼神	盯着看不礼貌，但也可能表示兴趣，寻求支持；眼神迷离，不敢正视，多半是在撒谎
姿态	包括站姿、坐姿、行姿。例如，双臂环抱表示防御，张开表示欢迎
动作	通过一些动作表现出自己的内心世界。例如，如果对方不停地摸鼻子拉耳朵，则表明他对你的话不够了解

那么，在沟通中，我们如何有效地运用肢体语言呢？你需注意以下问题。

1）心口相一

管理大师德鲁克曾说：“人无法只靠一句话来沟通，总是得靠整个人来沟通。”在与人沟通时，你要注意营造出一种和谐美好的社交环境，这就要求你的肢体语言要与口头语言保持一致，这将有助于沟通的通畅。

同时，你要学会观察他人的肢体语言是否与口头语言相一致，进而察觉对方的真实想法。

2）通过整个沟通过程理解肢体语言

肢体语言表达的意思是丰富多彩的，而且贯穿于沟通的整个过程中，要想正确理解这些肢体语言，你需掌握一定的技巧。

（1）综合观察。大多数人的肢体语言信号是以一串或一组形式给出的。因此，在与人交流时，要结合交流过程思考肢体语言的产生并且综合地观察而不要孤立地理解这些信号。

（2）观察动作。任何动作，特别是突然的动作能够表明一个人的内心状态，如突然移动座位，可能意味着他对你的话题很感兴趣。

（3）留心消极信号，并注意积极信号。一个人的肢体语言能够向我们发出警告信号，告诉我们在沟通中出现的一些差错，或者提醒你的沟通成功了。这些信号如下表所示。

思索式的点头放松的姿势 身体朝向你张开双手 双脚抬向你抚摸下巴 充分理解的附和 开放的身体姿势 眼睛接触	积极	消极	远离你擦擦或抚摸颈部 快速点头，有限的目光接触 身体背对你堵着耳朵，或摩擦耳朵 握紧拳头 脚底板打节拍捂着鼻子 来回踱步急促呼气
并排坐，双手开放 坐在椅子的边缘上，衣服敞开 微微抬头，身体倾向你 靠近你	合作	厌烦	心不在焉轻扣手指 跷着二郎腿，双脚晃来晃去双手抱头 眼神空洞，深呼吸 脚在地板上拍打，玩笔

续表

用手支着头并上仰 抚摸下巴，或双手托着下巴 目光透过眼镜向上看 摘下眼睛擦拭 口含铅笔或眼镜架 用手蹭鼻子，或长时间摸耳朵	思索	受挫	呼吸急促，嘴里念念有词 双手紧握，双手绞动 敌对的姿势，指指点点 用手梳理头发，摸自己的脖颈
		防备	脚放在桌子上，双手垫在脑后 后背僵硬，拇指扣在口袋里

在沟通中，当你观察到那些消极的信号，你要及时调整自己的沟通方式。当你注意到那些受欢迎的信号，尤其是它们成串地出现时，你要维持住这种趋势。注意你正在说的和做的，考虑如何表达，把握住沟通的脉搏。

接下来，我们要做的就是学会有效运用肢体语言，并加强这种能力。建议你每天早上用 3 分钟完成以下活动。

◎第一分钟　避免错误的肢体语言

错误的肢体语言会让人误解你的想法，必须避免，如缺少眼神的沟通、不停的撅嘴；坐立不安，摇摆或晃动；把手放在口袋中；站着、坐着不动；无精打采，后仰或驼背；动作虚假、不自然，等等。

◎第二分钟　养成正确的肢体语言

有意识地强迫自己养成正确的肢体语言，如确保与对方的距离至少为半米；要保持挺拔，身心自然；保持微笑；保持良好的眼神交流，但勿死盯住对方；双手张开，不要放在口袋里；双臂不要交叉抱在胸前，等等。

◎第三分钟　读懂肢体语言

注重自己的肢体语言是非常重要的，而能够读懂其他人的肢体语言也同样重要。因此，在沟通中，你需要有意识地观察对方的肢体语言，注意并调整你的沟通方式，使之成为一种习惯。

总之，深入体察肢体语言，将会帮助你衡量沟通是成功还是失败，同样地，你的体察也会折射到你所传递出的信息和肢体语言中，并鼓励对方传递他们的信息，这些都能帮助你进行有效地沟通。

14. 说“短字节”

记得有一位著名作家说过这样一句话：“只要语言足够简短，任何话都不会是完全糟糕透顶的”。漫无目的的长篇大论往往会引起他人的反感。如果你能在一分钟内说完你的意见，对方就会觉得很愉快，也比较容易接受你的意见。所以，与人沟通时，要学会说“短字节”。

英国首相丘吉尔被邀请在剑桥大学的一次毕业典礼上进行演讲。丘吉尔准时到达，并慢慢地走入会场，走向讲台。

站在讲台上，丘吉尔脱下他的大衣递给随从，接着摘下帽子，默默地注视着台下的观众。一分钟后，丘吉尔才缓缓地说出了一句话：“Never Give Up!”

说完这句话，丘吉尔穿上了大衣，戴上帽子，离开了会场。整个会场鸦雀无声，顷刻间掌声雷动。

丘吉尔仅仅用了几个字，就表达出来了自己的全部演讲内容，可见，语言贵精不贵多。事实也是如此，有效沟通，不在于话语的长短，而在于你是否抓住了关键，是否说到了点子上，是否能使对方更快地了解自己的说话意图。

那么，我们如何培养自己说“短字节”的语言习惯呢？要做到以下几点，如下图所示。

1）培养自己分析问题的能力

说“短字节”最能体现一个人分析问题的能力。因此，平时工作中，你要学会透过事物的表面现象，把握事物的本质特征，并善于综合概括。在这个基础上形成的沟通语言，才能准确、精辟、有力。

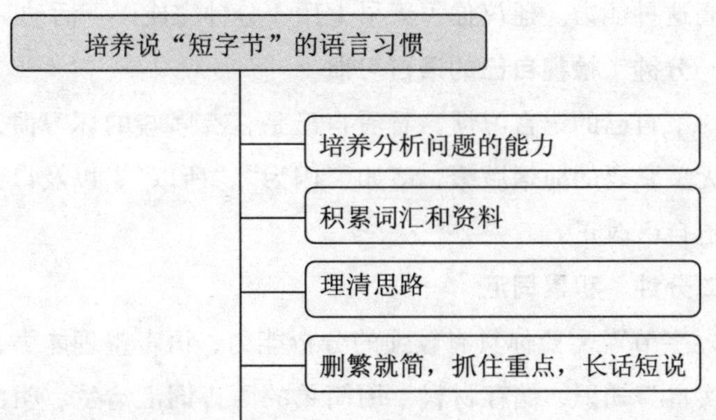

培养说“短字节”习惯的方法

2）积累词汇和资料

福楼拜曾告诫人们：“任何事物都只有一个名词来称呼，只有一个动词标志它的动作，只有一个形容词来形容它。如果说话者词汇贫乏，说话时即使搜肠刮肚，也绝不会有精彩的谈吐。”

因此，你需要积累尽可能多的词汇和材料，以便自己在沟通时能有效地选用恰当、言简意赅的词汇来表达思想。

3）删繁就简、抓住重点、长话短说

沟通时，尽可能把复杂的话用简单的说法表达出来。能一句话说明白，就不要多说半句。这就要求你的语言要简单明了，不使用深奥的词句或复杂的理论。同时，你要善于抓住交谈的重点，要说出你要谈论的主题。抓住关键点不放，说出主要意思，才能达到我们所要的沟通效果。要记住：“不要让你栽种的植物被丛丛杂草隐没”。抓住要点、长话短说才是最好的语言习惯。

当然，说“短字节”只是相对的，其深层含义在于“言简而意丰，言简而意准，言简而意新”，即要能用最少的文字表现最丰富的内容。因此，有些时候，需要你多说话的时候，就不能一言以蔽之，否则容易引起误解。

上面，我们学习了如何培养说“短字节”的沟通能力，接下来，要做的就是提高这种能力。建议你每天早上用 3 分钟完成以下活动。

◎第一分钟　检视自己的语言习惯

检视一下自己的语言习惯，看看自己是否有啰唆的坏习惯，表达时是否有一些无关紧要的前缀后缀，诸如“因为”“所以”，以及口头禅等。如果有，强迫自己改正。

◎第二分钟　积累词汇

说“短字节”需要你具有较强的分析能力、语言整理能力，这就需要你不断充实自身知识，储存材料，用简单的语言词汇清楚、明白地表达出你的想法。

◎第三分钟　养成简短说话的习惯

在平时工作中，要有意识地用简短明了的话语表达你的想法，能用一个短语就能表达清楚的，千万不要用一个句子；三个单词能说明白的，就不要用四个。

对于这一点，你可以利用“三点式表达”的方法，即在说话前，将自己想要表达的内容提炼出几个要点，简单地表达出来。

总之，优秀的管理人员一定要学会使用简洁、明了的语言，用最简单、最明白的字眼与员工沟通。

15. 打开天窗说亮话

有些时候，与他人沟通应直截了当一点，坦率一点，要打开天窗说亮话，明确地表达出自己的立场和观点。不要将简单的问题复杂化，这样就会避免很多沟通中的误会。

在阿里巴巴，马云建立了这样一种企业文化——直言。在同事之间和团队之间，提倡开诚布公、提倡有话直说、提倡面对面解决问题，不耍阴谋、不做小动作、不背后串联、不搞小集团。但直言也要有所顾忌，即要客观、冷静，不要情绪化、不要感情用事。这种简单、开放的沟通环境的确立，大大减少了阿里巴巴团队的交流沟通成本，减少了内耗，增强了团队的凝聚力和战斗力。

的确，与人沟通时，言不由衷，会浪费时间；瞻前顾后，会使你变成谨小慎微的懦夫；当面不说，背后乱讲，是小人，会破坏团队的团结。正确的方式就是提供有建设性的正面意见，在开始讨论问题时，先不要拒人于千里之外，要鼓励大家将想法都摆在桌面上，充分表达每个人的观点，这样才会有一个容纳多数人意见的最佳结论。

那么，如何才能做到“打开天窗说亮话”呢？下图列出了几种方法。

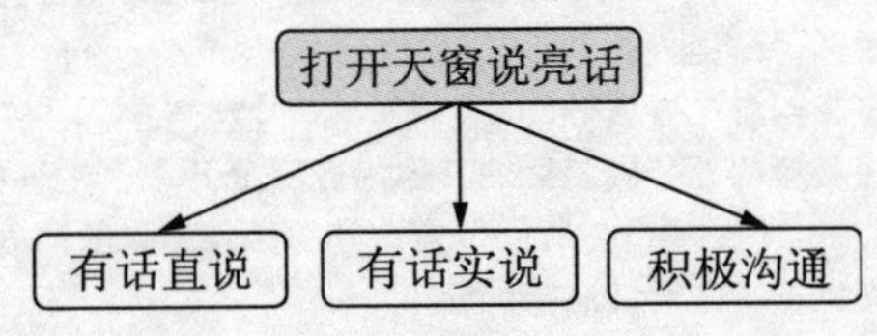

做到“打开天窗说亮话”的方法

打开天窗说亮话也需要一定的技巧和方式。

1） 有话直说

有话直说即用最准确、简洁的语言表达你的观点，这比拐弯抹角好得多，有效得多。不要总是试图去暗示对方或者告诉第三方，希望能将话传到对方的耳朵里。这样的做法非常危险，因为这很容易使对方的误解或者装糊涂，还有使第三方曲解事实的危险，结果会导致你们之间的关系变坏，产生新的矛盾。反不如直截了当地提出意见，摆事实，讲道理，可能效果会更好。

记住，在所有沟通技巧里，有话直说是一条最基本的原则。不要总让别人猜想你的目的，或者领会你的暗示。而且吞吞吐吐、欲言又止，是给对方回避讨论的机会，无法彻底解决问题。

但也要注意有话直说也要尊重对方，尽量保留对方的面子。也就是说，你既要直截了当地表达，也要设身处地照顾到对方的尊严。

2） 有话实说

说话的内容要真实，心中怎么想，就怎么说出来。不要编造事实，如果确实不方便，你可以说："我可以不回答你这个问题吗?"，或把话题岔开。

3） 积极沟通

积极沟通是促成直言不讳的一种有力武器。要达到这种目的，遵循的唯一标准就是直截了当。你具体可以从下表所示的几个方面努力。

技 巧	要 求
语言技巧	（1）说话简洁扼要 （2）事实与意见要区分开 （3）将解释的部分同谈话的其他内容区分开来，在解释理由、原因和后果的时候，会加上"因为""所以"等表述原因及结果的词语 （4）提供不带强制性意味的建议 （5）提出对事不对人的建设性批评 （6）询问对方的想法、意见和期望

续表

技　巧	要　求
直截了当地提出要求	（1）简明扼要，不必费心找借口 （2）说明请求对方帮助的理由 （3）不要利用对方的友谊或者善意，也不要以奉承或利诱来“推销”你的建议或请求
积极地表明不同意见	（1）明确地向对方表示反对 （2）积极恳切地表示怀疑 （3）说明你反对的理由 （4）接受并承认对方的观点 （5）清楚地表明你赞成的和反对的

实际上，对于很多事，最简单的反而是最有效的处理方法。直接表达你的观点，或者直接指出对方的错误、缺点，反而是避免伤人自尊心、避免双方误会、避免使人产生逆反心理等的最好方法，往往能达到很好的沟通效果。

上面，我们讲述了“直言不讳”的一些技巧，接下来要做的就是加强这种能力。建议你每天早上用 3 分钟完成以下活动。

◎第一分钟　剖析自己

剖析自己的说话习惯，看看自己是总是直言不讳还是委婉啰唆、沉默不语。如果你本来就是性格爽朗，坦率直言的人，那么，想一想你的直言是否伤害过他人？如果你总是沉默不语，原因是什么？是害怕被人评论，还是对自己的表述能力缺乏自信？

◎第二分钟　充分准备

要学会打开天窗说亮话，你需要在沟通之前做好充分准备，一旦准备充分、适时修正了自己的谈话方式，你就能正确地直言你的想法和意见。

◎第三分钟　不断练习

同其他的沟通技巧一样，这也需要你不断的练习。

总之，作为一名优秀的管理者，你需要大胆地表达自己的思想，不论是用嘴，用笔，还是其他手段。但都应注意“直言”也须三思而后行，要注意时机和实际情况，该直则直，该曲则曲。

第三章 协调冲突

与难相处者交往，冲突在所难免。关键在于你要学会协调、化解这种冲突，甚至利用冲突来实现你的交际目的。当然，防止自己与难相处者发生冲突也是必须注意的方面，毕竟“和为贵”才是交流的最佳途径。

1. 协调真正的需求

冲突所带来的相处困难是交流中最常见的。有冲突就意味着不协调，就意味着交流失败。许多人甚至到了用一个人是否与他人有冲突来评定这个人是否好相处的地步。事实上，只要你准确识别冲突的本质，这种不好相处的人就会消失！

冲突的本质是什么？就是深层需求不同。所有人都有自己的个人需求，而所有人的需求也都各不相同。共同做一件事，正是因为不同需求的存在，才使得双方产生了不可调和的矛盾。想要消除冲突，你就一定要从对方真实需求下手。这个过程可以通过下图反映出来。

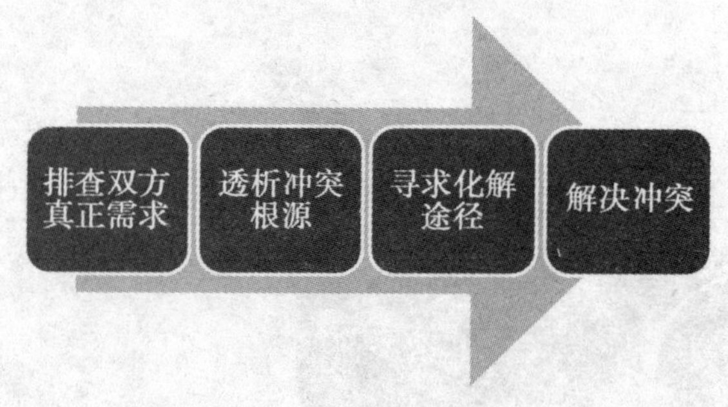

寻找真实需求以解决冲突的过程

在四个步骤中，排查对方真实需求和寻求解决途径是最为关键的两点。有一个小案例：

某公司为了创造效益，尽快给产品打开销路，给销售部门施加了非常大的压力。销售经理因此对下属非常严厉，下属们也产生了强烈不满，顶撞时有发生。一次，在销售部门例会上，一位销售员当场顶撞经理说："你的压力没我们大，每天都那么清闲，当然不知道我们有多么累。"

听了这话，经理微微一笑。他要那名怒气冲天的销售员跟着他工作一天。经理做什么，他就在一边看着什么。一天以后，这位销售员的火气就完全“熄灭”了。因为他看到自己的上司每天也要面对那么多的工作，承担着来自上层的压力。从那以后，销售员们再也没有肆意顶撞上司。

例子中的销售部经理就是一个善于发现员工需求、解决双方冲突矛盾的社交高手。他从员工几句抱怨中听出对方对工作压力大很有意见。也就是说，他们的内心世界需要减压，或者需要一个心理平衡——要么自己的压力减轻，要么有压力大家一起扛。经理没有办法减轻他们的压力，于是就想出了令他们心理平衡的策略：令员工知道自己的上司与他们同样在承受压力。知道了这一点，满足了自己的心理需求，员工们自然就不再难相处了。

在人际交流中，能够重视交流对象的真实需求，你就能轻易化解冲突，让难相处的人变得好相处起来；反之，则会让矛盾丝毫得不到缓解，甚至有可能日益加大。

现在，你是不是已经想要马上了解那些难相处的、总是与他人起冲突的交流对象的真实需求了？早晨3 分钟我们一起来练习一下这种交流技巧。

◎第一分钟　认识个人需求很重要

一般人认为，工作需求、个人需求应该是严格分开的，但很多时候两者拥有交叉项。比如，前面我们提到的那个例子，员工想减轻自己的压力，获得心理平衡就是个人需求的一种表现。所以，在体察交流对象的真实需求时，你要从多个方面考虑。工作需求固然重要，个人潜藏需求也不能忽视。

◎第二分钟　倾听对方话外之音

为什么你会与不好相处的人起冲突？你们的冲突又包含什么内容？对此你要仔细思考体会。因为在发生冲突的过程中，对方时常会隐晦或者直接地提出自己的个人需求。如果你能够认真体会这些话，你就一定能从其中找到真实的话外音。也许这种话外音不是能马上就反应出来的，早晨一分钟，你可以把它们从记忆深处翻出来，仔细揣摩一下。

◎第三分钟　创造一个能够倾诉真实需求的环境

从话中听出话外音，你可以发现对方的真实需求。如果对方不说，建议你在早晨第三分钟多想办法创造一些能够相互倾诉的机会。比如，你可以运用自我披露技巧，创造一个适合讨论个人需求的安全环境。

2. 开始合作

相比下属或者朋友，合作伙伴中出现冲突不断的难以相处者最令人头疼：无法命令，劝说沟通困难。这种情况下，要想消除冲突你不妨尝试另外一个途径：马上开始与之合作。两人一起畅想未来，光磨嘴皮子永远不会有结果，只有一起踏踏实实开始合作，并且把对方引入合作的框架中，让他真正参与进来，你们之间的冲突才会消失。

怎样才能够让对方先放下成见与敌对的态度，先与你进入合作的状态呢？你要先界定你们之间争议的实质是什么，共同点有哪些。前面我们曾经提到争议的实质事实上就是个人需求没有得到满足，除此以外，你还要知道你们在理念、目标、运作手法等各方面的相同与不同。弄清楚了这些，并将之分别开列在一张纸上，对方很容易就能被你说服。求同存异，搁置争议，先行合作的工作方式不管在什么时候都很有市场。

将对方引入合作仅仅是一个开头，接下来你要注意的，就是如何在最初的合作中消除争议。马上展开合作仅仅是消除冲突的一个开端，接下来你还要抓紧时间把冲突彻底消除。不能做到这一点，你们之间的合作就不会长久，更不会获得圆满成功。这里我们给你介绍一种很好的策略：使用“头脑风暴”。

所谓“头脑风暴”，就是指一种所有参与者将自己的创造力发挥到极限，开列出能够想到的可能的方案的集体合作方法。在与有冲突的伙伴刚刚展开合作时，我们完全可以通过这个方式邀请对方参与进来，共同制定解决方案。这样做的好处就是，你能够让对方的思维也体现到你们的合作中。一个人是很难反对自己提出的方案的。如果你们的合作中有了对方的思想，冲突就会大大减弱。下图所示为“头脑风暴”的运用原则。

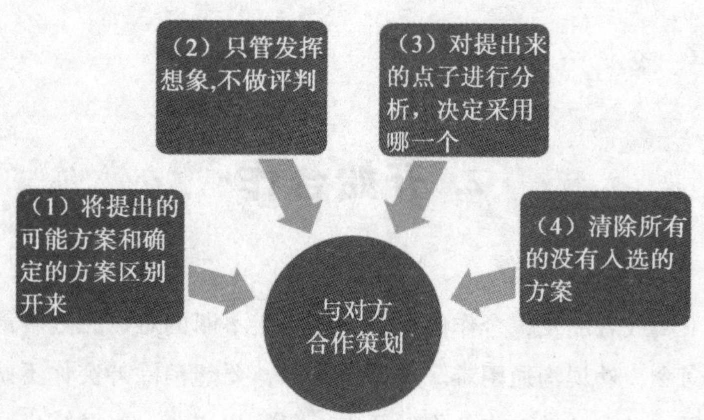

“头脑风暴”的运用原则

在使用“头脑风暴”过程中，图表所示的四个原则我们一定要遵守。因为这四点都将直接关系到下一阶段工作的进程安排和合作的顺畅。比如，如果不能将提出的可能方案与最后确定方案分开，很容易就会出现误会与纠纷。再比如，如果最后在确定方案目标以后，没有清除其他方案，就很可能会为以后的合作埋下祸根。

开始“头脑风暴”式的合作还有一个关键点：如何评估最后确定的方案。与合作伙伴在有冲突的情况下进行方案策划，最后必然会出现选择分歧。这就需要你与对方合作进行评估权衡。幸运的是，由于这些方案制定时你们双方都曾经参与进去，所以有分歧也不会大到不可弥补的状态。找出最有潜力的，你们都能容忍的一两个方案，进行进一步的构思、完善、精练，直到产生一个让你们双方都感到满意的协议。通过这种方法，合作解决问题，你们将更有希望达成一个最优的、双方都认可的解决方案。矛盾与冲突将不复存在。

早晨3分钟，你要尝试找到与合作伙伴进一步合作的契机与途径。

◎第一分钟　营造对事不对人的沟通氛围

在与交流对象进行“头脑风暴”式的合作中，营造一个对事不对人的氛围非常重要。在心结没有打开，冲突没有完全解决的情况下，交流双方很容易因为某些小的问题和分歧而产生纠纷。其中，最容易出现问题的情

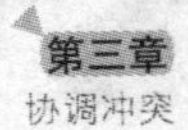

况就是由“对事”转到“对人”。所以，注意营造对事不对人的沟通氛围，是我们在早晨第一分钟一定要让自己做到的。

◎第二分钟　确定备选方案时一定不能强迫对方接受

选择备选方案时，我们一定要注意不能依靠权力或其他因素强迫对方接受。否则，就很容易会让你的努力全部付之东流。对备选方案的选择有分歧可以暂时搁置，甚至暂时停止，但绝不能急于求成。

◎第三分钟　遇到困难与对手一起度过

一般情况下，一起渡过难关和解决过问题的伙伴之间都能结成比较紧密的合作关系。所以，如果你发现你们之间的合作出现了问题或者遇到了困难，那么建议你一定要与对方一起渡过难关。独自解决问题的英雄还是不做的好。

3. 打破僵局

在人际交流中，所有人都不希望看到僵局出现。因为出现僵局就意味着交流进入死胡同，就意味着双方之间的互动降入最低点。僵局是如此的恐怖，人们都唯恐避之而不及，但它的出现却又显得非常容易。比如下面这个场景中，僵局就来得很突然：

一次，美国的谈判家荷伯受人之托，代表一家大公司到俄亥俄州去购买一座煤矿。矿主是一个强硬的谈判对手，在谈判桌上，他开出了煤矿的价格——2600 万美元。荷伯的还价是 1500 万美元。

“先生，你不会是在开玩笑吧?”矿主粗声粗气地说。

“绝对不是，但是请你把你的实际售价告诉我们，我们好进行考虑。”

“没有什么好说的，实际售价就是 2600 万美元。”矿主的立场毫不动摇。

谈判继续下去，荷伯的出价逐渐升高，从 1800 万美元到 2000 万美元，到 2100 万美元，再到 2150 万美元，但是矿主依然是泰山压顶色不变的神态，拒绝做出让步。2150 万美元的报价和 2600 万美元的要价对峙着，谈判陷入了僵局。

交际双方发生冲突后，如果双方都固执己见，那么这种交流很快就会进入死胡同，形成僵局。就像这次谈判中荷伯所面对的情景一样。虽然他已经做出了一定让步，但对方的固执还是让这一切努力付之东流。这种情况怎么解决呢?

在人际交往方面经验丰富的人会知道，要将协商引回到问题的解决当中，同时又维持良好的关系，需要的不仅有耐心和坚持，还要有技巧。比如，首先你就应该知道僵局产生的原因。不同僵局有不同的产生原因，如下表所示。

僵局产生的根源	解决方法
各说各话，对方有潜在需求你不知道	（1）仔细聆听对方说话 （2）在提出自己的想法以前，先总结他们的主张
各抒己见	重构强硬主张，将之转换成更全面、更灵活的需求陈述
过早提出解决方案，遭到拒绝	询问对方，就他们的关切和需求进行调整，获得更深入的信息
提案展开不够或者后劲衰弱	试着改变提案的应用力度，以产生其他可能方案

归类分析，荷伯遇到的问题基本属于第一种类型——各说各话。这就意味着，对方的坚持背后很可能有自己的需求和想法。解决途径也就应该从探知对方的这种需求入手。

为了弄清矿主坚持的原因，荷伯多次请他吃饭。一天晚上，已经开始与荷伯变得很熟的矿主终于给出了答案："我兄弟的煤矿卖了 2550 万美元，还有一些附加利益。"

原来如此，荷伯顿时豁然开朗，这就是他固守那个价钱的理由。

知道问题的根源后，荷伯立即与公司有关人员碰头，他说："我们首先得搞清楚他兄弟的公司确切得到多少，然后我们才能商量我们的报价。显然我们必须首先处理对手的个人需要这个重要的问题，这跟市场价格毫无关系。"

公司同意了荷伯的意见，荷伯按照这条思路进行谈判。不久，谈判顺利达成了协议。最后的价格并没有超出公司的预算，但是付款的方式和附加的条件使矿主感到自己得到的远比他的兄弟多。

僵局既不是可怕的，又不是那么麻烦，只要你能够像荷伯那样掌握打破僵局的技巧，问题就可以迎刃而解。

早晨 3 分钟，让自己能够成熟灵活面对僵局。

◎第一分钟　快速分析僵局形成原因

僵局形成原因不同，其解决办法也各异。所以早晨第一分钟，你要学会快速分析僵局形成的原因。根据形成原因不同，僵局的外在表现也不同。这为你最终做出判断提供了便利条件。所以，你最好熟知各种僵局形成原因的外在表现形式。

◎第二分钟　面对僵局要行动起来

打破僵局的关键在于行动。没有行动就会永远僵持下去，最后交流必然走向破灭。所以，面对僵局你一定要马上行动。分析原因是一个方面，积极寻找对策，并快速行动也很重要。

◎第三分钟　不能为了纯打破僵局而让步

有些人面对僵局非常焦虑，为了尽快取得突破，他们甚至不惜做出重大让步——注意，这种做法是非常错误的。因为损失一方利益获得的僵局“破冰”并不值得我们高兴。这种让步的后果就是让你们之间的交流合作趋向消亡。打破僵局的方法不在于一味让步，另辟蹊径才能真正解决问题。

4. 跨越阻挠

在交流冲突中，有一类人常常扮演“阻挠者”的角色。他们出于各种目的、理由，强硬地拒绝你的要求，甚至断绝与你的交流协商。至于共同寻求解决问题的方法，更是无法实现的妄想。面对他们，许多人深感挫败，有些是强硬地与之“对决”，有些是无奈地举手投降。毫无疑问，这两种做法都不是最优的选择。你要找到适合自己的跨越阻挠的途径。

中国是一个讲究“和为贵”的国度。在这种思想的熏陶下，没有什么人会为了阻挠而阻挠。如果你面对的阻挠者表现出了拒人于千里之外的态度，这大概是他们内心某种疑虑的流露。或者是忌妒，或者是对你的警惕。要想打破对方的阻挠，首先你就应该找出那个疑虑，然后加以妥善处理。

比如，你要想获得一位与你平级的同事的协助，而你的目标是获得部门最高业绩。如果对方表现出阻挠时，你就要想到你是不是已经对他造成了威胁。当一个人发现自己的同事有可能给自己造成威胁时，他所迸发出的阻碍力量是非常可怕的。我们仅仅举了一个方面的例子。交流对象给你制造阻碍的原因还有许多，但不管是哪个原因，你都要明确将之找出来，然后才能妥善处理。

跨越阻挠的策略在找到对方的疑虑后就可以开始实施了。最常见的做法有下图所示三种。

第一种做法是跨越阻挠者，直击目标。这种做法看似很节省时间，不费工夫，但事实上你却忽视了一个问题：阻挠者的作用。阻挠者之所以能起到阻挠作用，就是因为他在你的前进道路上扮演了一定的角色。跨过这个角色，也许你就要付出更多的努力。第二种做法是通过上级第三方，强令阻挠者放弃阻挠。这种做法很直接，但不到万不得已不建议使用它。因为压力越强，反弹越大。你通过上级施加的强迫命令很可能会让对方对你产生更为恶劣的印象。这绝不利于以后的交流合作。第三种方法相比前两种则要稳妥得多。

从图示中我们可以看到，第三种方法中实施者与阻挠者之间是一个双向箭头。这个双向箭头代表着，你要与阻挠者双向影响，达成共识。这样你们才能一起为实现目标努力。前面我们提出的首先要弄清阻挠者的阻挠原因，就是为实现这一步作准备。在知道对方的阻挠原因后，你可以制定一些有针对性的备选方案。一旦原方案遭到对方否决，你就可以将备选项拿出来，与阻挠者一起商讨。比如，你可以对他说：“我希望，我们能够彼此达成谅解。因为如果事情继续这样僵持下去，对我们任何一个人来说都不是好事——你认为接下来我们应该怎么办?”考虑备选方案的目的是将讨论拉回共同磋商的轨道。

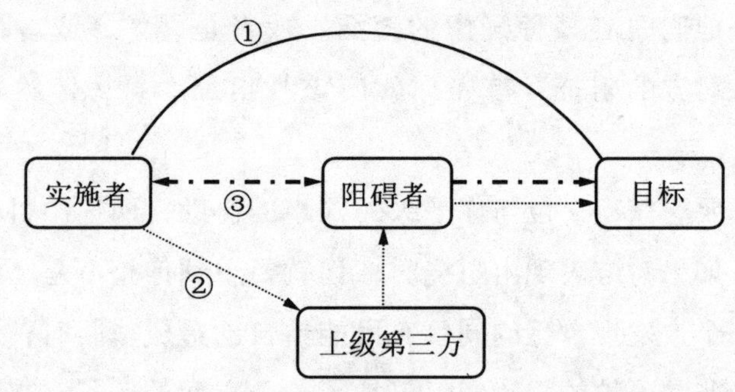

跨越阻挠的常见做法

三种方法中，第三种占据着明显的优势地位，但其他两种策略也不能放弃。当你与阻挠者之间的矛盾达到无法调和的状态时，你就应该考虑第二种甚至第一种途径的使用了。

早晨 3 分钟，你要找到跨越阻挠的方法。

◎第一分钟　评估你遇到的阻挠的解决可能

有些阻挠者是能够轻易说服的，有些则难度较大，还有一些需要你对他们做出实质性让步。不同的情况要有不同的应对方法，所以早晨第一分钟，你要先认真评估当下你遇到的阻挠的解决可能性。这将为你下一步的行动提供指导。

◎第二分钟　选择合适的解决阻挠突破口

下定决心要解决一个阻挠后，你要找到最合适的突破口。比如，当两个关系僵持的人必须要合作时，一方要打破另一方的阻挠，就可以尝试从缓和双方关系入手。如果说阻挠是一个绳结，那么你所找到的突破口就是解开绳结的那一根“活绳”。找突破口是解决阻挠的关键。

◎第三分钟　学会取舍

天下没有十全十美的事情，面对一个必须解决，而对方又格外强硬的局面时，你就要学会取舍——和睦关系与目标实现之间的抉择。

5. 平息“地盘”斗争

在工作、协调中，我们难免会触及对方的既得利益。曾经看到一则新闻，广东湛江某村村民因为同村乡亲侵占他的宅基地——当然对方也这样认为，便用自制火药枪将对方打伤，最后使其不治身亡。类似这样的触及既得利益的冲突，往往都会产生剧烈的“地盘”斗争。要想协调冲突，让对方能够与你保持合作的态度，你就要多下一些工夫。

触及利益的“地盘”斗争常见于一个组织的内部，或者不同组织的合作者之间。例如，在组织内部，一些个人或者团队之间，往往会围绕着资源、经费、项目所有权、荣誉以及他人关注度“大打出手”。这种内斗结果的最大可能，就是使整个组织的工作业绩、效率以及士气受到不利影响——人们全部都紧盯着自己的地盘，而置组织整体利益于不顾，最后结果可想而知。虽然也许你不拥有组织整体的利益，但组织出现问题，你的前途也不会多么光明。及时平息“地盘”斗争，让你的工作活动能够与“对手”相配合，这才是一种顾全大局的做法。那么，具体而言该如何平息这种斗争呢？通用电气前总裁杰克·韦尔奇就曾经采取过一个很不错的策略。

1981 年，面对通用电气公司内部出现的恶性竞争苗头，时任总裁的杰克·韦尔奇决定采用“冲突对抗”的制度。简单来说，就是对于某个意见，设法让和自己意见不同的人举手发言。当彼此的意见仍无法统一时，就从公司内部找来第三者担任裁判员，意见相左的双方，在裁判员前各自根据事实陈述自己的意见，最后再由裁判员裁断谁的是正确的。

这个解决组织内部“地盘”斗争的措施可谓立竿见影。制度实行不久，内部各部门之间解决问题的速度就明显加快。而一些已经被搁置很久的大问题，也在这种制度帮助下迅速得到解决。

这个所谓“冲突对抗”的制度为什么能够取得明显的效果呢？可以通过下面的作用分解图来进行详细解析。

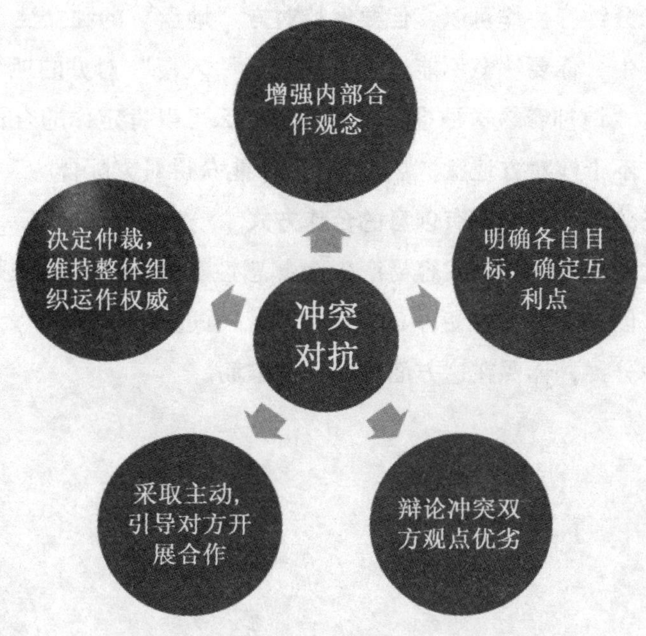

冲突对抗的优势

从图表中可以看出，冲突对抗具有很明显的五大优势。通过冲突对抗，可以让双方各自检视自己的工作目标，求同存异获得共同发展。此外，这种做法也能够将冲突双方的分歧摆在明面上，防止了私下拆台、互不合作等现象的发生。通过冲突对抗，在原本为各自“地盘”争论不休的人们之间产生了相互协作的氛围，而积极的对话也为下一步发展提供了契机。

“冲突对抗”仅仅是平息“地盘”斗争的一个有效策略。你可以用它来打开地盘斗争的僵局。当然，你也可以用其他一些策略。

早晨3分钟，你要轻松实现这一目标。

◎第一分钟　营造共同合作、共同盈利的氛围

当合作双方有共同利益目标时，地盘斗争的对抗性就会大大降低。所以，你可以尝试营造共同合作、共同赢利的氛围。比如，不要把荣誉和利益独占。大度分享的结果就是让你的工作活动畅通无阻。“利益均沾”的原则一定要牢记。

◎第二分钟　协作可以，但要保持对方“地盘”的独立性

在协作中，你要注意不能过分干扰甚至“入侵”对方的地盘。如果你让对方产生“请神容易送神难”的看法，那么可以肯定你的合作愿望一定无法达成。不干涉对方地盘“内政”，你才能获得对方配合。

◎第三分钟　寻求更有创意的合作方式

当你发现现有合作方式容易产生内部恶性竞争时，你最好开动脑筋寻找一个更有创意、冲突性更小的模式。强行通过永远不如皆大欢喜好用，所以早晨一分钟，你要在这方面多动一动脑筋。

6. 共同管理

在工作生活中，与人合作并不是一个一蹴而就的过程。尤其是在工作中，你与伙伴的合作往往要持续很长一段时间。这就意味着，在勉强找到双方都能接受的合作方案以后，你们的这种合作意向还要受到时间和困难的考验。在合作的过程中，你们要面对许许多多的难题，要承担各种突如其来的打击，冲突与矛盾很可能不断出现。事实证明，许多人都是在真正开始合作以后才感觉对方不好相处的。要解决这个问题，你就要有共同管理的概念和行动。

什么是共同管理？这就像是你与一个伙伴合伙开了一家蛋糕店。你们各出资 50%，然后对方就完全放手不管了。他在注视着你的经营管理。当你出现问题以后，他就会很不满意地对你说："咱们的合作真的有前途吗？你看，你已经让我们赔了 30% 的投资。"面对这种质疑和责难，你一定会心存不满。因为在你看来对方并没有出一丁点的力气……矛盾由此产生。这其中的问题就在于，你们没有进行共同管理。

在美国的罗切斯特，有一家已经开办了 95 年的食品连锁销售企业 Whole Foods。这家出售天然食品的经销商能够坚持近百年不倒，而且规模发展越来越大的秘诀就在于，他们在公司内部引进了"共同管理"的理念。

刨除该公司对员工的尊重和投入，其最重要的一个管理方法就是，让员工们通过团队在几乎所有涉及员工自身或商店的决策中有发言权，如用工、订货甚至定价等。在这家公司，每一位员工都不仅仅是被管理者，他们也有管理的任务，有管理的责任。"问题绝不仅仅出在别人身上""误会的产生自己也有份"类似这样的说法不断出现在他们的工作中。结果，据说这家公司从来没有出现过任何内斗的迹象。

Whole Foods 成功的经验就在于，他们抓住了共同管理思想的真谛。在共同管理中，每个人都承担起了自己的义务，都为可能出现的问题做着准备和讨论。他们不互相推卸责任，把可能出现的冲突消除在最初的萌芽状态。如果我们说协调冲突是一种补救措施，那么共同管理就可以看做是未雨绸缪。

共同管理很容易做到。问题的关键就在于你在共同管理中要关注几个方面，如下表所示。

状 况	方 法
沟通不良	（1）为维护共同管理模式，我们应当制定何种方案 （2）在我们的沟通当中，可能会产生哪些可预见的分歧 （3）我们的沟通频率多大比较合适 （4）我们应该采取哪些沟通方法
误会	（1）共同管理过程中，可能会发生哪些误会 （2）我们做什么才能减少误会发生的概率 （3）如果误会真的发生了，我们的应对方案是什么
合作破裂	（1）发生何种可能情况之后有必要重新协商 （2）如果这种情形发生在我们任何一方或者双方，并且非常明显，我们应该在多长时间内进行沟通 （3）如有必要，我们的重新协商的计划将会是怎样的

这三个方面是共同管理中最容易出现问题，是最可能让你的合作面临失败的关键点。所以，在共同管理中你要处理好这几个方面。

早晨 3 分钟，告诉你一些应对小窍门。

◎第一分钟　尽量“立字为据”

口说无凭，立字为据。在共同管理中，哪怕你们之间关系再好，也要注意留下相关决议字据。因为共同管理的很大目的就是防止冲突发生。字据可以帮你轻松实现这一点。要注意的是，这个“立字为据”的过程也需要对方的参与，以确保双方都感到满意，同时确保协议的措辞准确地反映出了双方各自的意图。

◎第二分钟　公开透明

不患没有，就患不公。要想保持公正，避免误会产生，最好的办法就是公开透明。共同管理中，也许你不认为有些内容值得公开，或者认为有些内容对方应该知道。但你要知道，这些仅仅是你自己认为的，事实并不一定如此。坚持所有信息透明公开，这是你在早晨第二分钟一定要告诫自己的。

◎第三分钟　设立仲裁机构

仲裁机构不一定用得上，但你要准备。你不需要去找专门的仲裁，它们的效果往往并不太好。你可以找对你和合作伙伴都很有影响的人充当这一角色。关键在于，这个人要让你和合作伙伴都应该能够接受。

7. 学会说“NO”

在很多人看来，开口拒绝别人就是引发冲突或者促使冲突加剧的重要诱因。因为开口说不很可能会引起他人的戒备和愤怒，尤其是对一个难缠的人更是如此。可是，想做一个人人称赞，绝不说“不”的老好人，你就要为此付出代价。其实，就算你把大量的时间、精力耗费在讨好别人上，也不一定会有人买你的账。协调冲突的办法不在于毫无原则地点头同意，而在于巧妙地、有技巧性地说“不”。

如果拿10平方米作为计量单位，曼哈顿中央火车站的问询处当之无愧地成为了全球人口流动密度最大的地区。这里每一天都人来人往、拥挤不堪。游客们神色匆忙，争先恐后地询问自己的问题，希望在最短的时间内得到答复。可想而知，问询处的工作人员的工作压力有多大。

可是这里有一个年轻人，胸前挂着组长标志，他总能游刃有余地应付游客提出的各种问题。

服务生如何在众多匆忙的游客以及他们提出的众多问题面前保持冷静？许多人对此非常不解。

那位服务生这样回答：“我在某一时间内只是和一位旅客打交道，而不是所有人，只有我完全忙完这一位，才换下一位。我能够对除自己面前的旅客以外的人说‘不’。这样我就可以每次只为一位旅客提供服务，而且一定要提供旅客满意的服务。”

在心急火燎的咨询处，能够避免冲突的方法竟然是说“不”。看上去很令人不可思议，但事实正是如此。事实上，只要能够有效地协调好我们与交流对象的关系，能够有技巧、有建设性地说“不”，往往效果更佳。当然，像例子中服务生那样的拒绝还仅仅是一个特例。在工作生活中，你要掌握一整套说“不”的技巧性方法，如下图所示。

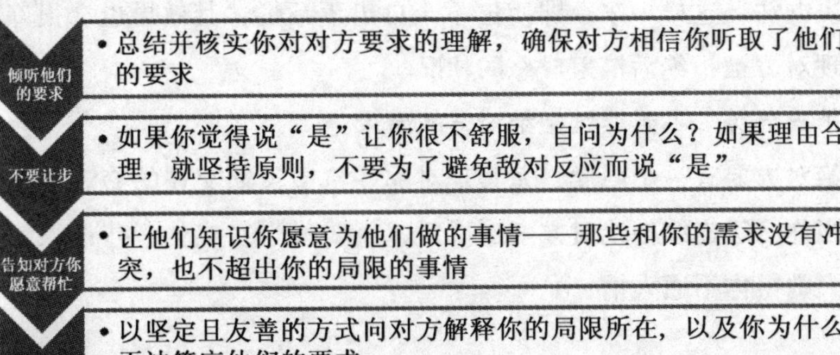

技巧性说“不”的流程

技巧性说“不”是一个特殊的流程。首先，你不能拒绝倾听对方的要求，否则这会给人一种你没有诚意的感觉；其次，你需要告诉他你很愿意帮忙，而且还要说明不能帮忙的原因；最后，你还要给出合理的建议。也许这些建议不会被对方所采纳，但他们还是会从你的建议中体会到你的关心。这对防止冲突发生很有帮助。

事实上，不管在什么情况下，对交流对象说“不”都是会伤害对方感情的行为。在今后的长期的工作、生活联系当中，还会有其他的场合需要你说“不”。所以，你应该寻找机会不断巩固、培养你们之间的关系。

早晨3分钟，我们要拥有说“不”的勇气和技巧。

◎第一分钟　鼓起说“不”的勇气

说“不”需要勇气，尤其是对一些重要交际对象说“不”更是如此。早晨第一分钟，你要鼓起这种勇气。你要告诉自己：帮助别人是有限度的。不顾自身能力地随意帮忙只会帮倒忙，而且也容易出现言而无信的尴尬局面。

◎第二分钟　可以和对方一起想一想对策

在拒绝对方请求，给对方提建议时，你不妨和他一起多想一想对策。

让对方感受到你的真心。你可以引导对方与你一起进行头脑风暴，找出最好的解决办法。这样一来，即使你不亲自出手帮忙，其效果也会很好，更不会出现对方被拒绝后恼羞成怒的状况。

◎第三分钟　不要连续拒绝对方的请求

拒绝对方要有一个限度，尤其是对那些希望长期交往的交流对象更是如此。当你已经连续拒绝对方多次以后，就要适当答应他一些请求，否则就会让人觉得你不通人情！

8. 提出要求

当你发现一名很难缠的人与你产生冲突的时候，你可能会向他提出你不希望他们去做的事情。但事实证明，除非你提出的是一个明确而可行的积极要求，并以一种积极的方式加以表述，否则他们很可能难缠如旧。

下面就是一个很明显的例子。

希尔太太请了几位建筑工人来帮她家加盖房间。刚开始的几天，每次她回家的时候，总发现院子里乱七八糟，到处是木屑。对此，希尔太太非常不满。她找到负责人，措辞严厉地要求他们每天完工后必须把院子打扫干净。这位负责人对希尔太太的表现非常不满。他据理力争，说弄脏院子是难免的，而且打扫院子会增加许多工作量。

对于希尔太太的抗议，这位负责人丝毫不加理会。慢慢地，两个人的关系越来越僵。要不是因为这些工人技术很好，她早就把他们辞退了。

面对这个不好相处的工程队长，希尔太太也提出了要求。可是对于她的要求，对方没有给出任何一点正面的回应。留下的，只有越来越僵的局面。希尔太太的要求之所以会获得这样的结果，是因为她并不懂得面对这些不易相处的人时该如何提意见。精通交际的人都知道，这时候她应该注意在自己的要求中融入四个要素，如下表所示。

提出要求的要素	作　用
明确	含糊的要求可能会给人造成误解，而且因为含糊要求而产生的结果误差也容易引起新的冲突

续表

提出要求的要素	作　用
积极赞扬	赞扬是促进一个人前进的最好助推器。相反，一味地苛刻要求往往会遭到对方的反感
可行	要求是否可行直接关系到你与对方之间的认可程度。如果对方发现你提出的各项要求基本都不可行，那么他不仅会降低对你的评价，而且会产生抵触心理
尊重	难缠的人也需要他人的尊重。受到了应有的尊重，他们就不再那么难缠，反之，则会更加难缠。你应抱着尊重的态度提出你的要求，而不是命令、强迫或者最后通牒的态度

参照上表，希尔太太的请求很明确，而且并不能算不可行，但它却缺乏积极赞扬和尊重的要素。你敬我一尺，我还你一仗。许多性格执拗的人都有这样的想法。不能给对方送去尊敬，那么自然就不会获得令人满意的回报。幸运的是，事情很快出现了转机。

希尔先生知道了妻子的烦恼，于是他就决定帮助妻子解决这个难题。他没有找工人们谈判，而是在一天下午，等工人们离去之后，和孩子一起把木屑清理干净，堆到园子的角落里。第二天早上，他把领工叫到一旁，对他说："我很满意昨天你们把院子清理得那么干净，没有惹得邻居们说闲话。如果以后你们都能这样做，那我就真的感激不尽了！"

从此以后，工人们每天完工之后，都会自动把木屑堆到园子的角落里。负责人也每天检查院子有没有整理干净。

早晨3分钟，让你也学会像希尔先生那样，能够对冲突对象提出明确而有效的请求。

◎第一分钟　事先构思你的要求

这是保证你能够清楚明确说出自己要求的前提。只有先把自己的要求在脑海中构思并完善好，你才不会出现语言逻辑混乱或者表述不清等问题。这是让你的要求更易于被人接受的前提条件。

◎第二分钟　想好要求后再衡量一遍是否可行

在想好你的要求以后，你要仔细衡量这个要求对方是否能够做到。这里有一个误区：许多人都把自己的标准当做执行标准，认为自己能够做到的事情，别人也一定可以。这无疑是错误的。只有确保这个要求是切实可行的，同时不能与对方的利益、声望或者能力发生冲突，你的要求才不会被对方拒绝。

◎第三分钟　想好提出要求的方式和语言

希尔太太的要求被以各种理由拒绝，就是因为她没有注意提要求的方式。这个教训我们要吸取。给对方留有余地，保持尊重、积极的交流方式，这样才更有利于你实现自己的目标。

9. 应对不诚实

难以说服的人，故意找碴儿的人，闭口不言的人……这么多种难以相处的人都没有一种人最令你感到头疼——不诚实的人。不管是做什么样的交流，只要是真实的心境反应，你就总能找到协调你们之间冲突的方法和途径。可是当对方说谎欺骗时，你就会彻底失去这种交流的渠道，因为你不知道这些交流内容是真是假。

“如果我发现我的朋友或者同事对我撒谎了，那么我一定会与他们绝交。”许多人都抱有这样的观点。的确，如果你的交流对象表现出了蓄意欺骗，而且你们之间的关系也不是重要到不可或缺，那么你完全可以与之绝交。但如果不是这样呢？划清界限容易，如果你回过头来再为这种绝交成本之高而懊恼，那就完全没有必要了。所以，在与撒谎者绝交以前，你最好认真思考你这种行为会给你带来的收益与损失，得不偿失的绝交绝对要不得。

美国马萨诸塞大学的心理学家罗伯特·费尔德曼曾经对撒谎的频率做过调查。研究发现，60%的人在历时10分钟的谈话中至少有一次撒谎，平均起来有2.92次说的话不准确。这个数据非常惊人，同时也说明了另外一个道理：你要求那些所谓不诚实者完全诚实起来是不现实的！而且，在很多时候你本身也在撒谎。这样一来，一旦发现对方有撒谎迹象就马上与之绝交，绝不是一个好的选择。正确应对不诚实的策略是：在掌握所有内情的情况下，有选择地原谅。要做到这一点，有三个要点需要满足，如下图所示。

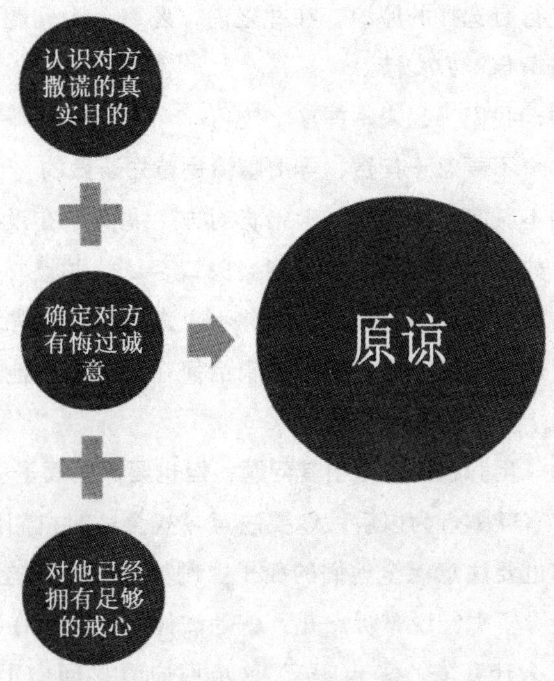

正面原谅对方的三个条件

这个世界上没有人是永远不犯错误的，如果你发现一个合作伙伴有欺骗行为就马上与之断交，那么很快你的交际圈就会迅速缩小。容忍对方的欺骗，在此基础上保证自己不受伤害就成了必然的选择。在做出原谅的决定之前，你要先弄清他欺骗你的原因是什么。如果只是无心之过，比如吹牛，那么你完全可以轻松对待。如果他希望从你身上谋取利益，那么就要小心谨慎了！

悔过诚意是评判一个人在犯错后是否能够与之继续相处的根本标准。因为一个人在表现出足够的悔过诚意以后，他才能够正视与你的关系。而表现其诚意的标志就是做诚恳的道歉。当然，你戳穿其谎言和接受其道歉的过程也很值得注意。

警惕性是一个人与他人相处时必要的素质和心理防线。在与这些不诚实的对手交流时，你更要在这方面提高警惕。

总而言之，面对不诚实的交际对象，你应该在满足上述三个条件的情况下，对对方进行有选择的原谅。在此之前，还有一个问题需要注意：如何就欺骗这件事情与对方交涉。

早晨3分钟，我们一起来掌握这个技巧。

◎第一分钟　不要急于指责，弄清隐情是首先要做的

面对他人的不诚实，你不要马上指责对方，尤其是在没有掌握切实证据的情况下更是如此。因为他们很可能会矢口否认，并且心生怨恨。如果你不确定对方是否蓄意欺瞒，或者事体并不重大，你可以先假定他们是诚实的，然后再通过各种途径弄清其中的隐情何在。这是与他们进行正式交涉的前提。

◎第二分钟　用隐晦语言指出其问题，但也要保留面子

在确定对方有欺骗行为以后，你要注意寻找合适时机用隐晦语言当面指出。但同时你也要注意保全他们的面子。例如，你可以这样说："我怎么感觉是被你误导了呢？说难听点儿，就是被你骗了。现在我感觉有些难受，你能做些什么让我安心一点吗？"这个回应直接回应了不诚实行为，同时也保全了对方的面子，同时也给了他认错的台阶下。

◎第三分钟　即使想断交，你也要告诉对方原因

如果你经过慎重考虑，最后还是决定与之断交，那么我建议你一定要把这其中的原委原原本本告诉他。因为这样能够让对方知道你的真实想法和理由，防止他产生侥幸心理和倒打一耙的埋怨。

10. 承认错误

不好相处的人难说话，对于犯错误的人来说更是如此。平时三句不和就能大打出手，更何况是自己犯了错误？此情此景，令许多人进退两难。人生在世，难免会出现这样或那样的过错。知错认错，是一个人应该持有的正确的对待错误的态度。虽然向不好说话的人认错困难重重，但该承认还是要承认的！事实上，只要策略得当，不好说话的人在这时还可能变得好说话起来。

先看一个小例子。

张总是一个以严厉著称的上司，这一点在下属犯错误时表现得更为明显。“你这是借口！这样的工作能有好结果？”他常常对犯错的员工大加训斥。

舒康是一个刚刚进入公司的小伙子。也许是因为他还不习惯新公司的作息时间，总之他开始上班的第三天就迟到了。同事们都为他担心，因为张总对迟到的员工最反感。

在众人的注视下，舒康走进了张总的办公室，可出人意料的是，办公室里并没有响起张总的怒吼声。过了一会儿，舒康平静地走了出来。同事们非常奇怪地围住他，问他为什么没有被张总训斥，也有人问他找了什么借口，竟然能平息张总的怒火。舒康不解地回答：“为什么要找借口？我就告诉他我睡过了，以后再也不犯类似的错误，他就饶过我了。”

在我们的认识中，张总这一类人应该算是不好说话的。可是，他偏偏没有对舒康大发雷霆，而是表现得宽宏大量。这里的奥秘就在于，舒康能够直面自己的错误。

为自己的错误辩护、开脱几乎是人的本能。对此，你的交流对象也心知肚明。对于这种行为，他们大多都会反应激烈。尤其是那些眼睛里揉不得沙子、很难相处的人更是如此。因为在他们看来，这就是没有改错诚意的表现——只有认真反省才不会再犯同样的错误。这种认识必然导致他们对你的恶劣印象加剧。正确的做法就应该是像舒康那样，不找借口，直面自己的错误。

大胆承认错误很应该，但如何承认，也是一个技巧性问题。下表总结了一些最常见的承认错误及向对方道歉的方式。

承认错误、道歉的方法	优缺点
当面道歉	当面直接道歉有利于获得对方原谅，但也要做好受对方训斥的心理准备。如果你是一个冲动、自制能力差的人，建议不要使用这种方法
电话道歉	与当面道歉相比，电话道歉也是对话道歉，但是因为不在现场，而在事后，双方各自己经费了一番思量，所以道歉的内容更加深刻，容易获得对方谅解
道歉信或道歉卡	道歉卡虽小，但要很到位、很精良；道歉信则应该尽量延长，内容深刻。一封情真意切的道歉信完全可以"一笑泯恩仇"
公开道歉	这种道歉方法包括公开发表声明、当众道歉等。由于具有较大公开性，所以凸显诚意。但这种方法要注意措辞，以防给别人留下不好的印象
送礼或设宴赔罪	这是最常见的获得上位者或者尊贵者原谅的道歉方式。想要用好这种方式，送什么东西、设宴赔罪请什么人都需要你深入思考

承认错误、向对方道歉的方法多种多样，这里仅列举了最常见的几个种类。面对不同的对象，我们应该灵活选取最适宜的方法。这是防止冲突发生的最佳办法。

早晨3分钟，教你承认错误的好方法。

◎第一分钟　杜绝借口

为一个错误寻找借口后，你就会不由自主地依赖上这种行为。很多时候，借口对你有很强的麻醉作用，因为依靠它你可以躲过负罪感对自己的折磨与煎熬。

比如，有一件事情你没有及时完成，你会这样安慰自己：“我最近太忙了……”你真的很忙吗？也许不是。但就是在这个借口的帮助下，你心安理得地接受了这个现实！所以，为了避免这种现象的出现，首先你就要解除所有的借口。

◎第二分钟　不要强辩

为自己的错误辩护，是许多人道歉时的常用做法。既然已经道歉，为什么还非得给自己找一些“不得不说”的理由？要知道，强辩只会让你的道歉效果急剧下降，更有甚者还会引起对方反感。

◎第三分钟　不要干巴巴地说“对不起”

承认错误时不能干巴巴说地“对不起”，这会给人很没诚意的感觉。你一定要加入自己对错误的认识，并说明今后如何改正错误，这样才能让对方更容易原谅你。

11. 别逞英雄

在交际中，我们常遇到这样一些人：他们对事情非常“较真”；不管自己能否做到，都要去吹一吹；面对那些与自己不合的人，他们更是丝毫没有让步低头的想法。“谁说我做不到？要不你就让我试试。”当别人使用激将法的时候，他们总是第一批上当的人。即使没有人与他们唱对台戏，他们也会四处显露自己的能力。反思一下，你是这样的人吗？

面对对手的挑拨，头脑发热之下做出超出自己能力的承诺，往往会给你带来无穷的后患。虽然当时脸上很有光彩，但这种毫无意义的虚荣并不是你的人生真正需要的东西。事实上，逞英雄的恶果还不仅仅于此。即使面对很好说话的人，你逞英雄的做法也会给自己带来负面影响。对此，美国著名政治家、外交家富兰克林就深有体会。他在自己的日记和回忆录中不止一次提到以下经历。

当富兰克林还是个毛头小伙子的时候，他非常喜欢在别人面前表现自己的英雄气概。在有人对他提出质疑的时候，他会极力反驳；在他发现别人有与自己不同的观点时，他也会毫不客气地指出来。尤其是他确认对方犯了错误时，就更不会给对方留什么情面。

有一天，与他关系很好的一个教会长辈把他叫到一边，严厉地训斥他：“富兰克林，你简直不可救药！你认为自己非常英雄吗？认为你比所有人都高明吗？说大话、指责别人的错误，这样下去谁受得了你？朋友们已经对你心生厌恶了。他们对我说，如果你不在场，他们就会觉得自在得多。难道你要把自己变成一个很难相处的人吗？”

后来，富兰克林这样评价自己那段时间的失误：这是我生命中经受的一次最严厉的批评。之前逞英雄的行为几乎把我拖进了交际灾难的深渊。

我决定改掉我的缺点。

认识到问题的富兰克林确实改掉了这个坏毛病，后来他成为美国最受人欢迎的政治家和交际家。可是，在生活中，真正能够像他那样认识到问题的严重性，并努力克服的人并不多。因为他们没有认识到“逞英雄”这种行为的真正心理根源。心理学家分析，主要有三种心理活动会促使你做出这样的举动，如下图所示。

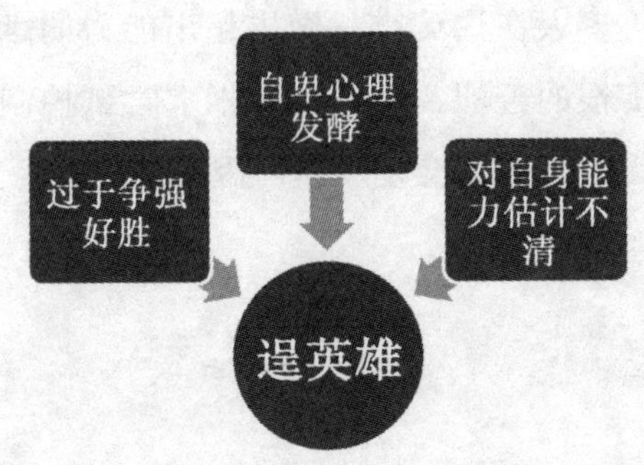

逞英雄行为的三大心理源泉

过于争强好胜和对自身能力估计不清都很容易理解，但自卑心理发酵却让人有些疑惑。事实上，大部分的逞英雄行为都是因为它而出现的。面对难以相处的交际对手或者那些高谈阔论的伙伴，许多人在内心深处会产生一种隐隐的自卑感。他们为自己不能在交流中占据上风而懊恼，为不能显示出更强的记忆力、不能展示更多风采而自卑。于是，在这种心理作用下，他们就会冲动地“逞英雄”。毫无疑问，这是一种失败的心理反应。

早晨3分钟，我们要制止自己逞英雄的行为，因为这对你打开与难相处者的交流通道，获得难相处者的好感有百害而无一利。

◎第一分钟　坦然面对难相处者的挑衅

许多难相处者都有四处挑衅的恶习。面对他们，你要坦然面对。嘴上输阵并不是天塌地陷，更不是丢人现眼。如果因为一时意气之争，让自己在别人眼中落得个只会逞英雄的形象，那绝对是得不偿失。所以，面对不易相处者的挑衅，你一定要学会坦然面对。

◎第二分钟　让自己内心世界真正充满自信

不自信和隐藏性自卑是逞英雄行为的重要原因，那么在早晨的交际修炼中，你就要想办法锻炼自己的自信。你要让自己知道，你是一个很强大的不需要用那些虚无的逞英雄形为来证明自己的人，这样你才能将这种坏习惯彻底根除。

◎第三分钟　控制自己的冲动

冲动是魔鬼。许多人在逞英雄、做出超出能力的承诺后都会后悔。与其品尝这种挫败与悔恨的苦涩，还不如从根上尝试控制自己的冲动。当你真正掌握了这种能力后，你就会发现自己因此而受益。

12. 选择答案

有人说，人生就是在不断经过一个又一个十字路口。你要做的不仅仅是一步步向前走，更重要的还有选择。眼前是一块巨大的石头，你会选择翻越它？搬开它？还是干脆换一条路？每种选择都会给你接下来的人生带来不一样的体验。懂得选择的人，能够轻松应对这些十字路口和巨石，不懂选择的人，只会碰一个头破血流。当你面对一个很难相处的人，而且还与之产生冲突时，你就需要做这样一个选择。

难相处的人往往都意味着你很难与他做完美的沟通。所谓“秀才遇到兵，有理说不清”，讲的就是这种情况。不能做妥善沟通，你们之间又发生冲突，那么要想真正将冲突解决好，就面临许多难题。这时候，聪明的人就要做一个选择。

有一位商人同时和两个客户展开了商业谈判。非常不幸的是，这两个客户都是有名的难对付。要想说服他们接受某种条件，需要付出很大的努力。知情者都在好奇地观望事态。

两位客户中，有一个人态度非常强硬，他要求很高的商业利润，而另一个人则显得有些不温不火。对于商人的提议，他总是拖延着迟迟不作回答。相比之下，与后者成交的可能性更大——人们都这样认为。

经过半个月的谈判，结果令人大吃一惊：商人与强硬客户各后退一大步，合作获得成功；而第二位不温不火的客户则被商人放弃了。人们对此非常不解。这位商人最后这样解释：第一位客户虽然难缠，但他有明确的成交意向。虽然有冲突，但后退一步后就可以达成协议。与之相比，第二位客户却没有什么合作的诚意。虽然看似他更好说话，但事实上除了浪费时间没有什么其他的好处。

精明的成功者都要时刻面对选择之神的考验。例子中的这位商人就果断地做出了两次选择：面对强硬客户的让步和面对无诚意客户的放弃。在你面对难相处的人，并与之产生冲突时，你也要做类似的选择。一般情况下，这种选择应该有三个步骤，如下图所示。

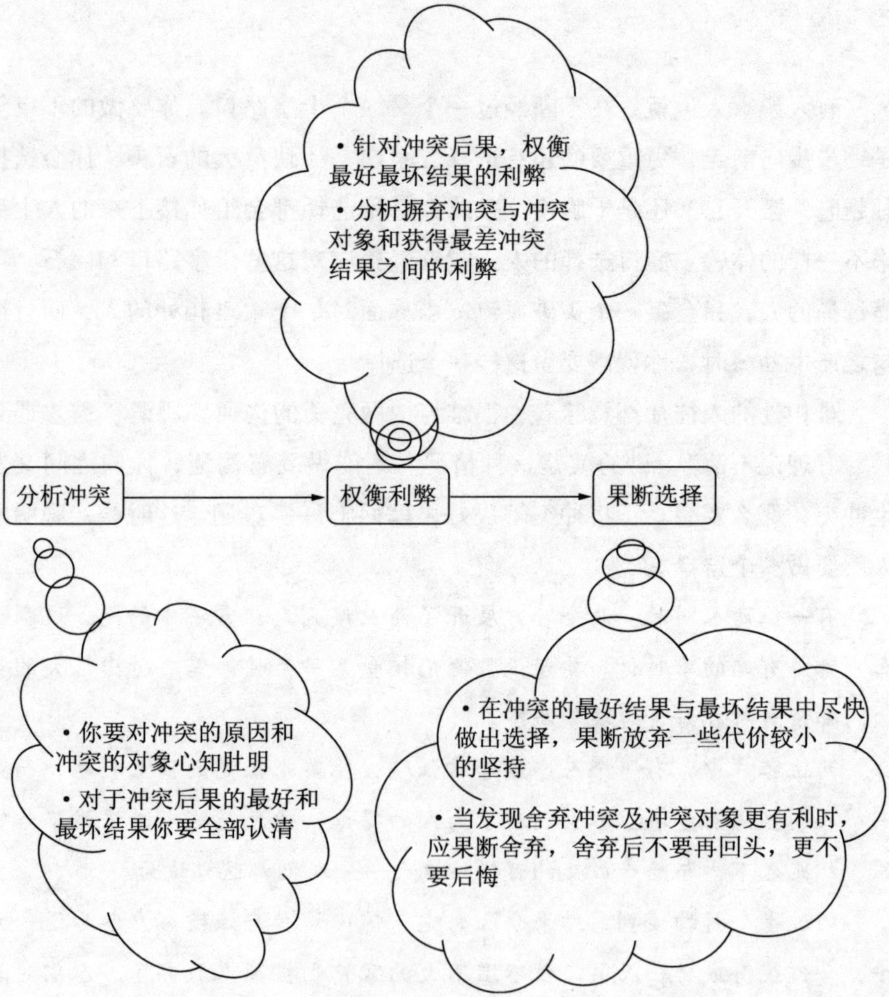

分析冲突 → 权衡利弊 → 果断选择

分析冲突：
- 你要对冲突的原因和冲突的对象心知肚明
- 对于冲突后果的最好和最坏结果你要全部认清

权衡利弊：
- 针对冲突后果，权衡最好最坏结果的利弊
- 分析摒弃冲突与冲突对象和获得最差冲突结果之间的利弊

果断选择：
- 在冲突的最好结果与最坏结果中尽快做出选择，果断放弃一些代价较小的坚持
- 当发现舍弃冲突及冲突对象更有利时，应果断舍弃，舍弃后不要再回头，更不要后悔

选择答案的三个步骤

从了解冲突的实质到衡量选择放弃的优劣，再到最后的彻底选择，这三个步骤一气呵成。只要你能够严格按照三个步骤执行，相信你就不会陷

入进退两难的尴尬之中，更不会被难相处者的冲突所困扰。学会了这种选择，你前进的道路上就没有跨越不了的障碍。

早晨3分钟，你要在这一方面多下工夫学习。

◎第一分钟　知道自己的真正需求

要想做出最正确的选择，你就要知道自己在这场冲突中真正需求什么。就像那位商人，他知道自己的需求是达成协议并获得利润。只要最后成交条件不低于自己的底线，那么他就都可以接受。这是他最后做出选择的基本标准。早晨第一分钟，如果你也要做出选择，那就先弄清自己的真正需求。

◎第二分钟　用选择项目与自己的需求进行对比

选择项目是你做出选择的方向。就像那位商人面对第一个客户，他的选择项目就是让步、僵持与放弃。这三者与自己的需求相对比，他发现让步更符合需求，于是他就做出了决定，这是个需要精心思考的过程。早晨第二分钟，我们可以认真地衡量。

◎第三分钟　不要后悔

做了决定就不要后悔，这不仅仅是因为后悔于事无补，更是因为后悔还会给你以后的选择带来极大的干扰性。如果你发现自己的选择有些失误，那么早晨第三分钟你就要努力让自己从好的方面获得心理支持，赶走后悔对你造成的恶劣影响。

13. 究竟让谁受益

曾经有句名言流传甚广：没有永久的朋友，只有永恒的利益。与难相处者之间的冲突，也常常是因利益纠纷产生的。每到这个时候，交流就开始变得非常艰难。想实现两全其美的利益分配并不容易，要轻松解决双方之间的冲突更难做到。这时候，你就要想清究竟让谁收益的问题。

利益谁都想要，可是也正是因为这个原因，谁都不能轻松将之抓在手里。面对明面上激烈的冲突和暗地里流淌的较量，你一定要时刻保持一种心态：敢于吃亏，甘于吃亏，能够主动把正在争夺的利益让给对方。事实上，一时的放弃往往会为你换来交际的成功和长远的利益线。这是一个艰难的抉择过程。

恒安公司的张总是一个刚过而立之年的青年才俊。在他的领导下，恒安公司拥有了数目庞大的合作伙伴和市场空间，其总资产、总利润也不断提高。之所以能够做到这一点，就是因为张总是一个懂得主动“吃亏”的人。

一次，他要承接某大型工程项目。原本这个项目他自己一家公司也能勉强吃下，但经过再三考虑，他还是决定邀请自己的一位实力强劲的竞争对手一起做。对此，不仅本单位职工疑惑不解，就是白白占了便宜的对手也非常不解。在这种不解的驱使下，对方竟然拿起架子，试图刁难张总一把。张总闻讯，主动上门与对方联系。经过深入交流，对方心悦诚服地决定与他合作。一年以后，大型项目竣工，恒安公司和对手都获得了不小的发展。最后，张总赢得了包括客户、政府相关领导和对手的一致尊敬。

其实，在接到工程说明以后，张总就敏感地发现这项工程他自己做很吃力，而且也正是因为项目庞大，所以自己的对手也是虎视眈眈。经过再三考虑，张总决定主动找对手进行强强联合。这样，既能保证工程质量，又能让他与对手的整体实力都向前迈进一步。这远比他们互相拆台合适得多。

张总之所以能够获得所有人的尊敬，就是因为他找到了“究竟让谁受益”这个问题的答案。让自己的对手也受益，自己吃一点小亏，这样才能彻底平息对方与自己之间的冲突。他知道，一时的损失会为他换来长久的利益。如果将张总的思维和行动过程用图表示出来，下图的四个步骤就可以基本反映这一过程。

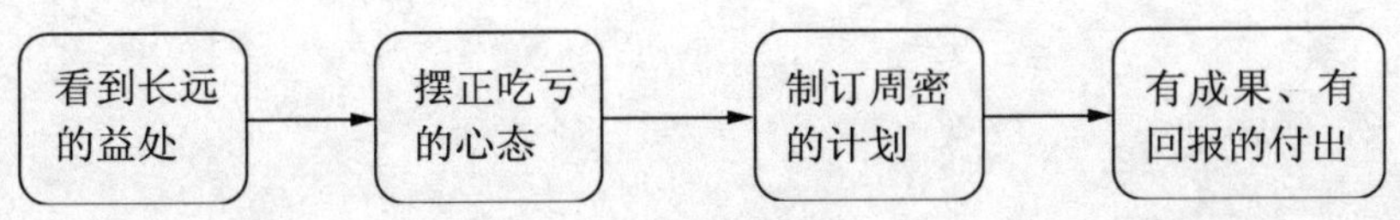

吃小亏化解冲突的四个步骤

仔细分析图表，你是不是可以从中看出一丝很精明的“算计”？的确，乍一看这是一个舍弃自我利益的吃亏过程，可是深究起来却是有着周密计划、目标长远的“赢利计划”。事实上，在生活、学习中，吃亏往往并不是坏事。人只要有宽容的胸襟，那么他就必然会获得丰厚的回报。至少，吃亏会让那些与你冲突不断的难相处者变得容易相处起来！

早晨3分钟，我们教你学会吃亏的艺术。

◎第一分钟　懂得尊重他人

吃亏让利不是施舍，而是一种胸襟宽大的表现。所以，在此过程中，你一定要懂得尊重他人，不能因为自己吃了亏就不甘心。早晨第一分钟，你要让自己充分尊重那些需要你舍弃利益的人。

◎第二分钟　能隐忍痛苦和委屈

不管长远利益多么美妙，当下遭受的损失总是会让人心生不满。所以，早晨第二分钟，你要学会隐忍痛苦和委屈。既然做了这个决定，就要有足够的心理承受能力来承担心灵遭受的冲击，否则就是出力不讨好了。

◎第三分钟　能够调整自己的心理预期

得与失的程度与一个人的心理预期密切相关。也许在别人看来你已经失去了许多，但在你的心理预期中，也许这不过是九牛一毛。毫无疑问，这种心理预期对吃亏心态的调整是非常有利的。早晨第三分钟，你要做一个能够灵活调整自己心理预期的人。目标是：不把损失看得太重，也不要把所得看得太轻。

14. 口蜜腹也蜜

在竞争日益激烈的今天，厚黑、诡道越来越为人们所重视。于是就出现了许多令人防不胜防的景象：一些很难相处的交际对象一改往日软硬不吃的面目，开始变得嘴巴甜蜜起来。一方面他们刻意努力地用尊敬的用语去称赞你过去的功绩；另一方面却暗暗开始给你下绊。这就是所谓的口蜜腹剑。

口蜜腹剑的做法在打击对手方面效果显著，于是越来越多的人开始想尝试一下这个“社交技巧”，让那些难以相处的对手在与他的冲突中彻底败北。争强好胜值得鼓励，但这种做法却不值得提倡。因为他们根本就没有发现这种做法所具有的负面效应。

大华公司后勤部门新来了一个外聘的管理人员，这个一表人才的青年很擅长交际。不管是根基深厚的老员工还是新进公司的大学生，他都会与他们和睦相处——至少在言谈举止上是如此。对这个新管理人员，同事们都很有好感，他也很快就和人打成了一片。

事情如果这样发展下去，会是非常美好的。可是几个月后，人们却渐渐发现事情并不如想象的那么好。原来，这位管理人员的好打交道不过是一个幌子罢了。虽然他把人哄得团团转，但大家还是能够感觉到他在背后所干的那些坏事：他一肚子坏主意，在巴结好上级领导后就开始在公司兴风作浪。许多人都被他打过小报告。发现这一点后，人们开始慢慢疏远他。虽然他的嘴还是那么甜，但他的“市场”却越来越小。在年底群众测评上，他吃了大亏，领导对他的为人也有所觉察。

俗话说，“要想人不知，除非已莫为”。口蜜腹剑者即使嘴上说的再好听，人们迟早也会知道他的笑容下面隐藏着的是一颗险恶的心。这种人看似在交际场上能够呼风唤雨，实则已经把自己逼上了绝路。至少，绝不会有谁再认为他是一个很好相处的人。现在，你还想也向这一方面发展吗？

当然，现实生活中除了口蜜腹剑者以外，还有一些人属于“刀子嘴豆腐心”。毫无疑问，这更是一种错误的交际策略。

虽然“豆腐心”透露着你对朋友的一片赤诚，可是“刀子嘴”有几个人能够接受呢？对于那些我们爱的人，“刀子嘴豆腐心”只会给他们带来更多的伤害。如果对方不能理解我们的用意，那么尖刻的话语往往就会毁掉一段珍贵的友谊；对于那些我们恨的人，“刀子嘴”只不过是一个色厉内荏的报复，而“豆腐心”却决定了我们不会对对方做出太过的举动——如果对方知道这一实情，那我们的举动就不过是在给他们增添笑料，而如果不知道实情，恐怕还会让对方先下手为强。

口蜜腹剑与“刀子嘴豆腐心”都不是好的交际策略，正确的方法应该是：口蜜腹也蜜。口蜜会让你打消与那些起过冲突的难相处者之间的隔阂，腹蜜则会帮助你真正获得他们的好感与友谊。

早晨3分钟，我们一起来让自己拥有这种社交的心态和技能。

◎第一分钟　体谅是腹蜜的关键

对自己交往甚密的好友，腹蜜并不是什么难事；可是面对那些平时就看着不顺眼的难以相处者，许多人就会觉得腹蜜很难做到。事实上，这也的确是我们坚持口蜜腹蜜交际策略的主要难点。早晨第一分钟，我们建议你要多想一想对方的好，让自己在内心深处对对方有更多的认同感。这样，才能让你的内心世界充满爱意，才能让你的“腹”真正“蜜”起来。

◎第二分钟　口蜜要注意程度

口蜜能够获得大多数人的好感，但这里有一点需要注意：口蜜也要掌握一个度。我们这里说的口蜜，主要是指能够运用积极向上的语言与人交流，比如赞赏、推崇等。如果这些语言选择不当，就很可能会让人误以为是在溜须拍马。如果事情真的发展到了这一步，那就走向了与你意愿相反的方向了。所以，早晨第二分钟，你要把握口蜜的度！

◎第三分钟　让对方感受到你的好意

口蜜腹也蜜的第三个关键是，你要尽量让自己的好心好意都为对方所感知。你可以通过让步，通过真诚交流等多种方式实现这一目的。总之，你要找到令对方感受你内心真实世界的方法。

第四章 管理难以相处者

与难以相处者交流本来已经很头疼，可如果你还需要对他们进行管理，是不是就更加困难？天下没有管不了的员工，只有不会管理的上司。能否把这些难以相处者纳入麾下，使他们顺利地将自己的能力全部发挥出来，是你需要思考的问题。舍弃与对抗永远是失败的管理。所以，你要学会使用适合自己的管理方式。总有一天，你会发现那些难以相处者并不一定不是好员工。

1. 从自己开始

己所不欲，勿施于人。要想与那些难以相处者更好地交流，甚至在工作中对他们进行很好的管理，首先你就要从自己开始，改变对那些难以相处者的态度与交流方法。否则，仅仅想通过改变对方来实现管理的目的是非常困难的。之所以这样说，是因为难以相处者的形成实际上与你有着莫大的关系。

人人都知道难以相处者不好打交道，可是却很少有人仔细思考这些人到底是如何变成这样的。经过仔细研究我们发现，难以相处者的产生主要有两个途径，如下图所示。

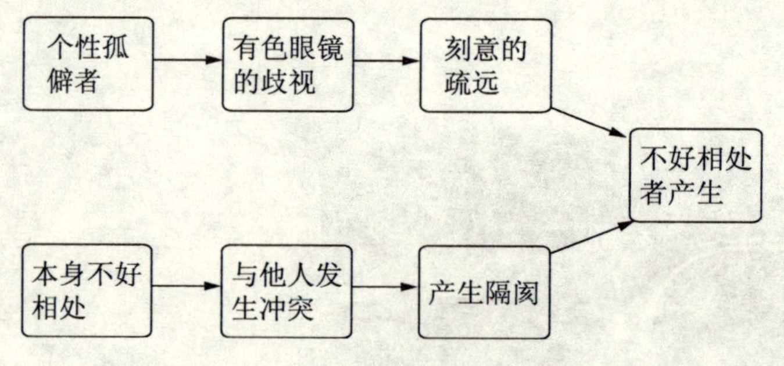

促使不好相处者产生的两种情况

同样是产生不好相处者，一种情况主要原因在对方身上；另一种则主要是因为自己本身就是不好相处者。可不管是哪个原因，自身都在其中起着重要作用。后者自不必说，即使是前者，自身性格产生的推波助澜作用也绝不容忽视。歧视、孤立、疏远足以让一个交际强者在你这里变成不好相处者。可以说，不好相处者是交流双方共同作用的结果。生活中，有许多真实的案例都能证明这一点。

张某是某公司职员。在公司工作的三年时间里，他用自己的变化向人们诠释了一个难以相处者是如何产生的。一开始的时候，刚刚进入公司的张某还是很活跃的一个人。他爱笑爱逗，常常与同事开各种玩笑。这原本很好，可关键问题在于，他开的玩笑都有些过分。时间长了，大家就有些厌烦他了。对此，张某感觉非常明显——他自己本身就是一个非常敏感的人。慢慢地，他心里开始充满了抱怨。

他对自己的好友抱怨，抱怨他们友谊的衰减；他对同事抱怨，抱怨他们是多么的难以相处。在抱怨中，他的笑容越来越少，话语中的火药味却越来越浓。最后，他终于得出了一个结论：他的同事们都是难以相处的人。

仔细思考，在张某的同事眼中，他何尝不也是一个难以相处的人呢？“难以相处者”是一种相互的称谓。如果你自己能够和人打成一片，自然难相处的人就会少上许多。同理，在管理难以相处者的过程中，你也要注意这一点：一切都以自己为起始点。

比如，当你想与一名难以相处者进行深入交流时，你首先就要想到，自己设计的交流方式是不是能够为对方所接受；当你想指挥一名难以相处者去做某事，那么在你开口之前，也要静心想想：“我该如何才能使他心甘情愿地去做？”先在自己的心里完成管理、交际的策划工作，这样你才能更加有效地去管理、驱动那些难以相处者。甚至，你都可以打破难以相处者的产生链条，让这种交际盲区不在你的视线中出现。这一切都在你的掌握中。

早晨3分钟，我们先从自己做起。

◎第一分钟　笑一笑，让自己变成一个好相处的人

要想与难以相处者做妥善的交流，对他们进行高效的管理，首先你就要做一个容易相处的人。要做到这一点非常容易，只要做到用笑容面对每一个人，用阳光的心态与别人交流就够了。早晨第一分钟，你要对着镜子做一个大大的笑脸。

◎第二分钟　不要远离、孤立不好相处者

在工作中，远离、孤立平级的难以相处者会影响工作；可如果你是一个上级，这样对待一个下级，那么你的管理就将陷入困境。所以，很多时候你要有一名管理者的觉悟。即使你认为与对方打交道很难，也不能有丝毫的灰心丧气。这是进行交流和有效管理的前提。

◎第三分钟　每天都和不好相处者聊一聊天

怎样和那些难以相处者做深入交流？教给你一个笨法子：强迫自己与他们聊天。也许刚开始的时候你会觉得不适应。但随着交流次数的增多，你会发现其实这并不难做到。交际也是一个量变与质变的过程。当你与对方做了足够多的交流以后，也许他就不再是一个难以相处者了！

2. 应对难以相处的行为

每个管理者所处的团队中都会有一些难以相处的员工。仔细考察自己以往的工作成效就会发现，你是否能将自己的管理能力发挥到最大限度，并不取决于你管理、影响了多少容易沟通的模范属下，而在于你是否能够应对那些难相处的人。

怎样应对那些难相处的人？我们前面就曾经提示，要对事不对人。也就是说，只要你能够很好应对对方那些难相处的行为，你就达到了目标。事实上，世上没有难以相处的人，只有难以相处的行为。有经验的管理者都能够识别难以相处的行为类型，恰当处理团队中的隐患。下表列出的是一些常见的行为类型，以及有效管理这些行为的应对方法。

类　型	表　现	应对方法
盲目攻击型	总是把矛头指向他人，很多时候都是为了挑刺而挑刺	引导他们关注自身行为；要求他们提出关于自己如何为项目作出积极贡献的见解
喋喋不休型	不停说话，其言论充斥着整个团队，垄断了所有的讨论	寻找机会，在说话者换气停顿时或者出现片刻犹豫时，打断他们的讲话，把话题转向积极有利的一面
悲观失败型	言谈举止中充满怀疑和悲观情绪；认为无论如何都行不通	直面反击，要求他们明确指出哪些地方他们认为不可行，为什么？问他们如何改进创意，使之可行
满腹牢骚型	把每次讨论都当做是发泄自己不满的机会。他们的做法会完全破坏团队其他成员的热情	只允许他们表达一次自己的消极看法，之后或者引导大家不再思考这一问题，转而继续进行下一主题，或者以积极的方式把它平息

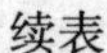
续表

类　型	表　现	应对方法
优柔寡断型	自己拿不定主意，总是翻来覆去把事情各种条件、结果进行对比，而且还常把对比的过程公之于众	直接拿出最终决定，或者不再征求他的意见。这类人往往是行动的执行者
狂妄自大型	过高估计自己的能力，对同事甚至上司的意见不屑一顾。自说自话，经常违抗命令，顶撞上司	在经验、决策等各方面压制住对方，使他无法用自己的言论影响更多的人。同时尝试获得他的钦佩

从上表中我们可以清晰地看到，人的难以相处行为可以分为六个类型。这六个类型表现都非常明显，而且只要有清晰的思路和应对方案，就不难将之管理好。除了我们在这里提到的应对方法以外，你还可以有自己的独特绝招。只要你能够清楚每种行为背后的产生原因，就不难做到这一点。

以喋喋不休的行为类型为例。从心理学上来看，这种行为是由于动作人内心深处有强烈不安全感而导致的。他们认为自己必须在上级或团队其他成员面前证明自己。为了获得尊重，他们耗费大量的时间来表述自己的想法，或者通过表达他们对所讨论问题的热心来获得团队的支持。对这种人，只要我们将话题进行巧妙转移，或者通过赞美、表扬打消其不安心理就可以了。除此以外，另外五种行为类型也有类似的分析解决方法。

早晨3分钟，经过思考我们可以轻松应对这些难以相处的行为方式。

◎第一分钟　分析行为类型

要想对各种难相处行为做出正确应对反应，首先你就要知道它属于哪种类型。早晨第一分钟，你可以按照我们的分类进行对照。只有在确定类型后才能进行下一步动作。这里需要你注意的是，有些人往往同时具有两种或两种以上的行为类型，在分析时要进行区别对待。

◎第二分钟　根据实际情况制订应对方案

分析好行为类型以后，你就要根据实际情况制订相应的方案。在制订方案时，你要注意三个关注：关注对方性格、关注对方反应和关注自己习惯的处事方法。当这三点都能够完美符合时，你的应对方案就容易实现得多了。

◎第三分钟　坚持持之地恒的交流

纠正团队中一个人的难以相处行为并不是一劳永逸的。关键在于你要坚持与他持之以恒地交流，而且这种交流还应该是带有纠正含义的，这样你才能真正达到自己的交流、管理目的。

3. 绩效分析

难以相处者总是给我们出难题。尤其是在进行绩效制定、分析的过程当中，他们的态度和不合作的交流方式往往会让我们的工作陷入停顿，在相当程度上影响我们的绩效水平。也正是因为这个原因，许多领导者都将难以相处的员工看做是干扰绩效的罪魁祸首。但事实上，绩效并不总是被影响者。只要你能够灵活使用它，利用它发挥作用，你也可以通过它来有效管理难以相处者。

比如，公司或者团队里常会有这样的人：他们对自己的工作总是拖拖拉拉，严重影响其他人工作效果。与之沟通就会发现，他们简直是江山易改本性难移。说得再好，他们的工作也是没有丝毫的改进。对这种人，该怎么办？著名管理人李开复曾经给出过一个例子。

多年以前，李开复接管了一个部门。为了提高部门工作效率，他在最短时间内定下了团队的工作目标，并将之向部门成员做了公布。但没想到，会议进行得很不顺利。下面听讲的员工中有的人一片茫然，有的人没精打采，更有甚者还对李开复的计划百般挑剔。面对这些刁难的员工，李开复很快就明白了问题所在。他决定重新制订计划，并借此对部门成员的状态进行调整。

李开复废除了已经制订好的计划，当场宣布成立三个员工小组，分别解决部门面临的三大问题。一个月后，这三个小组将各自呈上他们的报告，然后组长们再与李开复一起讨论最后的目标。这次，李开复的提议获得了全体员工的认同。一个月以后，最后的工作目标制定完成。人们惊讶地发现，它与李开复一开始制定的没有丝毫区别。不过，与以前不同的是，现在员工中再也没有了消极怠工的难以相处者了。

李开复的这次“调整”就是利用绩效制定来管理难以相处者的一个最好例子。与硬性命令相比，李开复的这种做法由于有了三个工作组提供的数据分析，而非常能够为员工所理解。经过一个月的整理工作，大家都有了信心。而且，由于这个新的目标有了员工的参与，所以人们对它的积极性也要远大于旧目标。

李开复的做法仅仅是利用绩效管理员工的一个的例子。事实上，绩效分析对员工管理有下图所示的非常有效的四种途径。

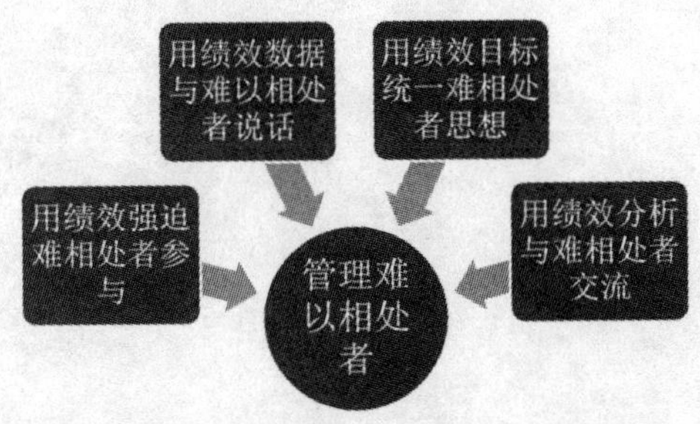

用绩效管理难以相处者的四种途径

从目标制订到计划实施，从强迫管理到用翔实数据促进交流，绩效为我们管理好难以相处员工打开了一扇宝贵的大门。工作中，我们也可以尝试使用绩效的四个途径来对那些令人头疼的顽固属下进行“改造”。相信只要你使用的方法得当，就一定会收获令人惊喜的成果。

早晨 3 分钟，我们一起来为使用绩效分析做准备。

◎第一分钟　准备好翔实的绩效数据

绩效虽然是一个广义的含义，但其中也一定会包含大量数据。这些数据虽然不能代表一切，但在使用绩效管理难以相处员工时，它们还是有着非常强大的说服力的。所以，如果你今天要使用绩效分析来影响一名员工，你最好在早晨第一分钟就准备好翔实而准确的数据。

◎第二分钟　不管是目标制定还是实施，都要让难以相处者参与进来

既然你想使用绩效来管理难以相处的属下，那么你就一定要让员工充分参与其制定、实施、审核的全过程。早晨第二分钟，你要考虑给员工留一个参与的渠道。

◎第三分钟　多种途径交叉使用

很多时候，单一的绩效管理途径在调整难以相处者心态方面还是有力所不逮的缺点，所以你最好认真设计，同时采用多种途径交叉使用。这样才能保证你在最短时间内获得最有效的管理结果。

4. 应对难缠团队

团队中有一个难以相处者就很令我们无奈，可要是你面对的整个团队都很难缠又该怎么办？在现实工作中，这种令人近似绝望的现象并不是从没有出现过。尤其是在你新到一个团队去担任领导职务时，更是难免会遇到一些“刁难”。这时候，你就要采用多种手段去把这个团队对你的态度和消极的交流方式改变过来。

虽然一个团队与个人相比，它难缠起来更恐怖，但相比较而言也更容易对付。因为一个团队即使再团结，面对你这个管理者时，也难免会露出一丝破绽。只要我们能够抓住这一丝破绽，就不难将团队由难缠变成交流顺畅。关键你要把握住以下几点。

1）你要获得团队成员的共同好感

一名优秀的领导者首先应该是团队成员的朋友。就像在战场上拼杀出来的指挥员与战士之间有着无比密切的配合一样，采用一切可行手段，把团队成员的感情凝聚在一起后，你也就能获得他们的拥护。这时候，顺畅交流就不再是可望而不可即的事情。

比如，你到一个新单位后，没有必要马上给新下属来个下马威。你可以与他们试着打成一片，多参与他们的聚会；如果你原本就是从团队中脱颖而出的，就可以马上请客吃饭，表明自己有今天都是大家的功劳。

2）给团队成员一个美好的发展前景

人在职场，最需要的就是能够有一个光明而远大的发展前景。所以，面对这些难缠的属下，你一定要给他们勾勒出一幅令人满意的远景，让他了解在这个团队他必将获得美丽的人生。这是个使成员个人利益与团队的利益结合为一的过程。也只有通过这一过程，才会把团队所有成员的心和力气拧到一起。事实上，这个办法不仅对难缠团队有效，对所有新下属，它都有着非同一般的作用。

在使用这一策略时，你要注意，发展前景既应该是所有人的共同目标，又不能超出人们的奋斗能力范围。否则，空中楼阁只会更令人失望。

3）帮团队成员实现个人成长

最终目标的恢弘固然重要，但眼下员工个人实力的增长更令人欣喜。所以，如果有可能，你一定要帮助团队成员实现个人的进步。你可以帮他们建立乐于接受挑战的心态，鼓励他们不断追求卓越，促使其能力不断提升。业务指导、进修机会、进步鼓励……当这些措施在团队成员身上见效的时候，他们对你的敌意必然会慢慢减小，难缠的团队也就会不知不觉消失了。

4）在团队内部营造良好的交流氛围

培养团队内部良好的交流氛围对改变难缠团队很有帮助。因为在此过程中，成员原本就有的一些交流缺陷会得到改善，而且由于你会在此过程中“打人”团队内部，他们之间的交流自然也就会对你开放。久而久之，你自然就能融合进他们的阵营了。

这里我们给您提出的四点建议是经过长时间检验的绝佳方案。只要你能够按照它们严格执行，慢慢让自己融入到新的团队中去，你的身份在他们眼中自然就会由隐约的对立者变为“自己人”。

早晨3分钟，你要想办法顺利完成这四个步骤。

◎第一分钟　运用二八定律，争取80%的人

作为管理人员，相信大家一定对“二八定律”非常熟悉。在难缠的团队中，“二八定律”同样有效：80%的人都没有与你“死磕”到底的意愿；只有20%的人是真正的“难相处”。换句话说，只要你能够找出这20%的人，有针对性地攻破他们的防线，你就很有希望获得整个团队的效忠。

◎第二分钟　分门别类，各个击破

我们这里说的分门别类有两个意思。一是区分上面提到的20%和80%之间的区别；二是找出不同人的不同应对方案。比如，有些人与你的对抗并不是一直那么强硬，他们更希望获得长远的发展，而有些人则是注重个人能力的提高。在知道这些细节分类以后，你就可以分别对症下药，获得他们的好感。

◎第三分钟　展现强大的领导力和带动力

作为团队领导，用有效的“手腕”征服下属固然很应该，但很多时候你也没有必要如此大费周章。一般来说，只要你能够展现出强大的领导力和个人实力，就很容易征服下属的心，获得他们的尊敬。此外，再配上和睦相处的交际策略，相信把难缠团队变成“顺畅团队”也不是不可能的事情。当然，如果你能掌握我们前面说的这些技巧就更好不过了。

5. 包容难以相处者

面对难以相处者，人们的反应各不相同。有的人会选择断绝交流，有的人会选择针锋相对。但对于一名领导者而言，当你发现下属中有难以相处者时，以上这两种做法都不太合适。毕竟，你不能与自己的下属断交，更不能与他们针锋相对。至于将这些难以相处者排除在团体之外，就更是说明你在交际管理方面遭遇了失败。这时候，你便只能选择包容。

对于包容的定义，许多人有理解误差。因为他们认为包容就等于让步，等于退缩。事实上，包容与退缩有着本质的区别。忍让退缩是一种无奈的示弱，但其动作人的内心世界并没有放开这段芥蒂。忍让退缩越多，他心中的怒气就越胜。终有一天，他会忍不住爆发出来，那时就是交际战争的开始。与之相比，包容则是一种大度的原谅。它是自我思想品质的一种进步，也是自身修养、处世素质与处世方式的一种进步。包容对方的人，往往都能获得对方的尊敬与好感。如果你能够包容团队中的难以相处者，那么相信总有一天你会与他打开交流的桎梏。

某公司有一位年轻的主管，他非常善于与人打交道。在他的团队中，有一个对他忠心耿耿的下属。他工作能力很强，而且对上司与公司非常忠诚。可是有谁能想到，当初他竟然是一个十分难以相处的人呢？

在主管刚刚入主这个部门的时候，他就发现了这位下属的惊人才华和难以相处的弱点。这个下属嗜酒如命，有酒必喝，酒后必醉，醉后因为失控，常常在同事之间产生不愉快。不仅如此，他的性格还非常暴躁，说话时语言极其刁钻刻薄。几乎所有人都被他得罪过，年轻的主管自然也不例外。同事们疏远他，他也不太喜欢与人交流。这一切，都被主管看在眼里。

主管没有像其他同事那样疏远这名下属，而是真诚地与他交往。有了烦闷，与他喝酒的是主管；他拍桌子骂娘，一脸无奈微笑看着他的也是主管。他的一切坏脾气到了主管这里仿佛都失去了作用。最后，他终于被主管感化了，为人也变了许多。

作为一名管理人员，能够像主管这样包容难以相处的下属，往往也就意味着他会获得良好的管理效果，因为他的包容将打破一切交际障碍。当然，要想真正做到包容一切并不容易，至少你要做到下图所示的三点才能实现这个目的。

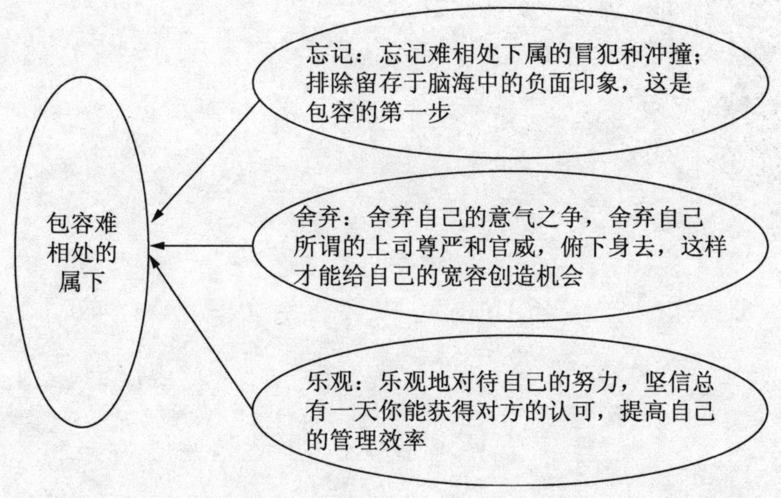

包容难相处属下的三个前提要素

包容是一种美好的品德，包容也是一种有效的管理手段。

早晨 3 分钟，我们要学会包容那些难以相处的下属。

◎第一分钟　多想一想对方的好处

虽然包容的技巧很可贵，但要想把自己的怒火全部消除也并不容易。早晨第一分钟，你要先调整好自己的心态。多想一想对方的好处，将有助于你完成这个目标。

◎第二分钟　告诉自己他还可以原谅

几乎所有人心里都有一个底线——你包容他人的底线。在与难相处者打交道的过程中，也许对方会不断触及你的这个底线。这时候，你要做的就是忍耐，并在心底里告诉自己：他还可以原谅。不断下调自己的这个底线，你会有更大的回旋余地。

◎第三分钟　试探寻找与人和谐相处的方法

包容不是被动地等待对方变“好”，你还要从自己的实际出发，多想一想该如何与人和谐相处。曾经有一位领导，他为了与下属搞好关系，特意学习了钓鱼——他知道下属中有好几个需要争取的人都喜欢钓鱼。他们拥有了共同的话题和爱好，交流自然就多了。类似这样的经验，我们要汲取。

6. 赢得人心

对于一名领导者来说，赢得下属的爱戴非常重要。能够轻松获得人心的上司，往往能够如臂指使般地指挥下属，整个团队的工作效率和团队向心力也将因此大大提高。不仅如此，这种能力还可以帮助上司轻易攻破那些难以相处者的心理防线，让难相处者变得容易相处起来。这对发挥团队效能，提高管理水平有不可估量的作用。

赢得人心的能力对打开难相处者心扉的作用已经为人们所广泛证实。写下大量红色回忆专注的著名作家海伦·斯诺曾经说过：“对于毛泽东来说，成功就是赢得人心、凝聚人心。”事实的确如此。毛泽东作为最伟大的革命领袖，用自己超凡的魅力和赢得人心的本领把各式各样的人集合在一起，实现了无产阶级革命的伟大胜利。可以说，如果毛泽东没有这样的能力，没有在“凝聚”人心上倾注了大量心血，并亲自做了方方面面工作，要实现革命的成功还要费许多周折。

除了一代伟人毛泽东，我们生活中的许多人也都用自己的经历证明了这一点。

在日本著名企业家松下幸之助身上曾经发生过这样一个小故事。有一次，他到自己公司的餐厅就餐。与他一起吃饭的人有六个，他们都要了一份牛排。等六个人都吃完，松下让助理去把烹调牛排的主厨请过来。主厨听说最大的老板要见他，而且还知道松下的牛排仅吃了一半，心里非常害怕。他觉得这一定是因为自己做的饭不好吃的缘故。

“是不是有什么问题?”主厨抢先紧张地问。

“烹调牛排，对你当然已经不成问题，”松下说，“但是我只能吃一半。因为我的胃口不佳。我之所以把你请来，就是因为我担心你看到吃了一半的牛排送回厨房，心里会难过。”

听了松下幸之助的解释，这位主厨感动地热泪盈眶。

短短几句话，松下幸之助就彻底征服了一名下属的心。这时候，这位主厨平时是不是好相处，又有什么关系呢？事实上，一名精通如何赢得人心的管理人员，是不会在意下属是不是好相处的。因为他有足够的信心把他们的心俘获。当然，要像松下幸之助那样灵活而有技巧性地做到这一点并不容易，你需要在许多方面下工夫，如下表所示。

目　标	项　目	作　用
自身	诚信	诚信给人以安全
	能力	能力给人以希望
	人格魅力	人格魅力给人以跟随的欲望
	勤奋	勤奋让你拥有带动的力量
	谨言慎行	谨言慎行使你能够获得别人的信任
交际	重视	重视交际能够给下属荣誉感
	公平	公平是所有下属的共同需求
	处下	处下你就能给下属送去尊严
	理解	“理解万岁”对下属同样适用
	灵活沟通	有技巧的沟通能够换来不一样的结果
	不离不弃	团队凝聚力就产生于不离不弃

两个方面共 11 个项目，只要你能够达到这些修炼的要求，你就能够成为一个可以赢得人心的领导者。也许这一过程会非常漫长，但与你得到的收获相比，这些修炼还是非常值得的。

早晨 3 分钟，我们再教你一些能够马上使用的招数和注意事项。

◎第一分钟　自成风格

一个有风格、有魅力的领导者永远都更容易获得下属的尊重与敬仰，所以，在工作中你一定要形成自己的风格。这个风格可以体现在许多方面，比如工作方式、交往方式等。关键的一点是，这种风格应该是正面的、具有积极意义和强大吸引力的！

◎第二分钟　直觉敏锐

要想征服你的下属，你就一定要有敏锐的直觉。关键的一点是，必须要在无人提示的前提下明察秋毫。留意员工面部表情与身体语言等信号，它们会帮助你判断潜在信息。早晨拿出一分钟时间，你要在这方面严加锻炼。

◎第三分钟　永远不要对自己“护短”

人无完人，任何一名下属都不会要求自己的上司是一个没有缺点的人。你也不必对自己的问题遮遮掩掩。要知道，没人想要一名圣人式的领导。在实际的管理中我们还发现，通过暴露缺点来建立协作与凝聚人心往往有更好的效果。所以，你要记住永远不对自己“护短”。

7. 让人自觉行动

在公司或者自己的团队里，有时候你可以见到这样一些人：他们有一定的工作能力，但就是很难与之沟通；更令人头疼的是，他们还严重缺乏时间观念，工作起来非常拖拉，效率低下。对这种人，许多管理者都有“鸡肋”的感觉：督促，对他们效果不明显；舍弃，他们还的确有能力。这时候，你就要想一想有什么办法可以令他们自觉行动起来。

有这样一个小例子，也许你会从中获得一些灵感。

晓宇是一家公司的内部网络技术人员。他的技术很高，但脾气却不好。尤其是谁的电脑出现问题，请他帮忙修理的时候，他更是忍不住要给对方脸色看。久而久之，人们就不愿意再找他做维修了。甚至有的时候宁可花钱请外面人修，也不找他这个专职。同事们对他的怨气越来越大。公司经理王平开始不得不认真想一下该如何让他自觉行动起来了。

不久，王平突然宣布要建立一个公司网站，而且这个网站的主要运营维护都由晓宇来做。他当着全体员工面说，晓宇技术好，完全能够胜任这个工作，至于以前的那些冲突，都不过是误会罢了。同时要求大家在网站内容上多给晓宇提供帮助。此外，他还当众宣布了网站的建设目标以及长短期规划，希望晓宇能够按时地保质保量完成。晓宇对此没有发表任何意见。

看到晓宇默不作声的样子，大家觉得他肯定会令王平失望。可出乎人们意料的是，他竟然出色地把工作完成了。不仅如此，他还爆发出了以前从未有过的工作热情。问题员工一下子就翻身成了优秀模范。看到这个情景，人们不禁为王平的管理技巧喝彩。

王平是怎么打动晓宇，令他能够主动投入工作的呢？我们可以从下面的图示中发现一些蛛丝马迹。

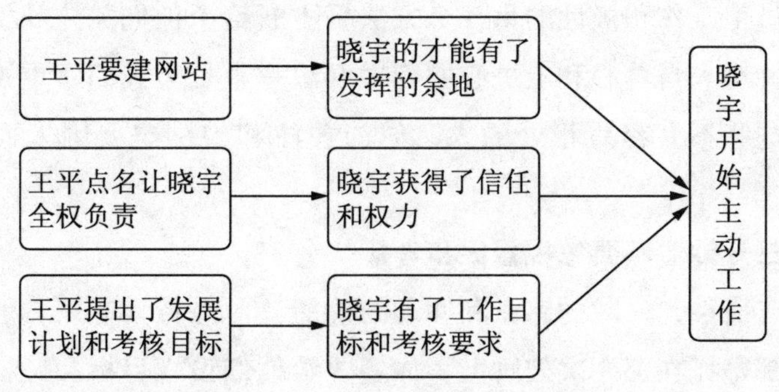

王平“改造”晓宇的“三板斧”

《邮差弗雷德》中有一段话：“才能的发现只在于给它表现的机会。当你把最高贵的财富——时间，交托给你的部下，让他们有机会展示自己的才能，你就会发现，自己的组织中竟然会有如此多的弗雷德。”事实上，仔细分析你就会发现，你的下属中像晓宇这样的“弗雷德”并不少见。

一般情况下，难以相处的人与同事、上司之间的交流并不顺畅，这就使他们对自己的工作目标、要求有许多误解。而且也正是因为这类人的难以交流，让人们对他不由自主地产生了不信任感。这样一来，他们就更无法充分发挥自己的才能，误解令他们更不愿意与人相处……这是一个恶性循环。王平能够成功改造晓宇，就是因为他从三方面打破了这个循环的怪圈。通过当众开会宣布，王平完成了平时看似很难完成的交流活动；通过向晓宇放权，让他有了施展才能的机会；通过制订计划和考核目标，让晓宇有了精确的工作目标。这无疑是一个非常经典的员工激励法。类似这样的技巧你也可以使用。

早晨3分钟，让我们把握这一技巧的关键要点。

◎第一分钟　给不好相处的员工留出自由发挥的空间

这一点从实质上说就是要信任这些员工。有心才会有回报。如果你不能毫无保留地信任自己的员工，他们也绝不会全心全意地为你服务。当然，在付出这种信任以前，你一定要对他们进行详细地考察、了解。否则就可能给自己带来麻烦。

◎第二分钟　不断给予关注和鼓励

调动员工工作积极性的另一个方法是不断给予他们关注和鼓励。事实上，这种针对人自尊心和上进心的管理办法一直是为我们所重视的。只不过，面对这些不太容易相处的人，你的关注和鼓励也要因人而异，要讲技巧。

◎第三分钟　不要忽视督促和考核

人都有惰性，一时的感激和冲动的确能让对方行动起来，但你不应该把希望全都寄托在那一次鼓励上。你还要给他们设立目标和考核计划。这是使员工具有持续动力的重要保证。

8. 营造和谐氛围

在物理学上，有一个名词叫“共振”。意思是在整体震动环境下，具有相同材质的物品都会发生频率相符合的振动。事实上，在我们日常的生活与工作中，“共振”也同样存在。

有丰富管理经验的人都知道，一个团队在一个场合下，大部分人拥有什么样的思维和情绪，那么很可能就会影响其他人。这就像在某些冲突现场，一旦有人开始动手，很可能就会演变成打群架一样。人际环境的共振会让所有人都参与其中。这给管理者们提了一个醒：你可以通过在团队、公司中营造和谐气氛来使这些难以管理者发生改变。至少，他们可以正常发挥自己的工作效能，不给团体整体效率拖后腿。

和谐、进取的工作气氛该如何形成呢？一般情况下，下图所示的几个要素你要抓住。

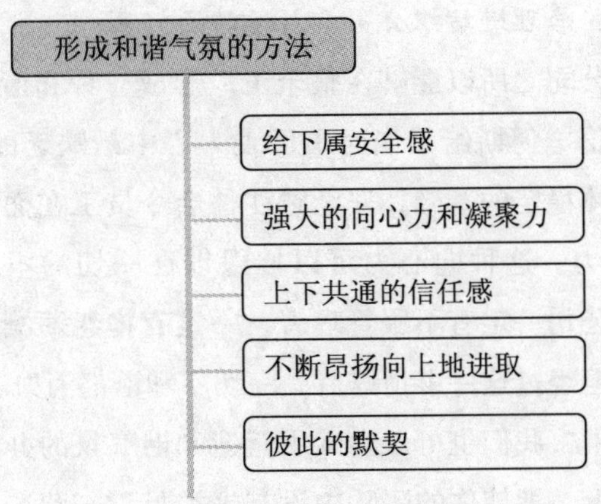

形成和谐气氛的方法

从图中我们可以看出，一个团队的和谐气氛需要从五个方面着手才能真正形成。这五个方面从立足生存、相互协作到共同发展都有兼顾。可以说，它们都是缺一不可的。当然，在某些特定情况下，一种因素的缺乏也会凸现出来，这时你就要想办法尽快将之弥补。如果这些因素缺乏过多，那么你就要多加努力了！

20世纪30年代，世界经济危机几乎让美国所有的工矿企业都陷入了危机当中。这时候，美国加州的哈理逊纺织公司遭遇了一场灭顶之灾：大火将整个工厂化为灰烬。工人们无奈地回到家中，等待工厂倒闭解散通知的到来。可令他们吃惊的是，刚刚到家的他们就收到了来自公司董事会办公室的一封信。董事长在信中表示：向公司全体员工继续支薪一个月。这个雪中送炭的消息令工人们欣喜异常。他们纷纷打电话或写信向公司董事长亚伦·傅斯表示感谢。

烧毁的公司要马上开工并不容易。一个月以后，工人们还没有接到复工的通知。但他们又收到了公司发来的第二封安慰信及一个月的薪水——他们仍然没有失业。这在失业席卷全国，人人生计无着落的时候是多么难能可贵啊！很快，一种奋发向上的凝聚力在工人中间产生，他们自发地来达到公司，清理废墟，抢救、擦洗机器，还有一些人主动去联络被中断的货源。三个月后，哈理逊纺织公司重新运转了起来。

哈里逊纺织公司之所以能够在整个工厂形成一种和谐奋发的气氛，是因为其董事长亚伦·傅斯给了当时工厂工人心中最缺乏的一种心态因素：安全感。作为团体稳定的基础，安全感往往会令员工在面临风险时对团体产生巨大的向心力。这种向心力可以摧毁以往一切的不和谐——可以肯定，以往哈里逊公司一定有不服管理者，一定有抱怨薪酬者，一定有消极怠工者，等等，但经过这件事情以后，一切不和谐都消失了。

在管理工作中，我们也可以尝试用营造和谐气氛的办法来管理那些难以相处者。事实上，即使你的团队中没有这类员工，营造一种和谐气氛对你也是有百利而无一害的。

早晨3分钟，找到营造和谐气氛的关键。

◎第一分钟　敏锐察觉团队缺少的因素

在管理实践中我们发现，许多团队之所以没有那种令人满意的和谐气氛，往往是因为他们缺少诸多因素中的某一种甚至某几种。早晨第一分钟，你要闭目思考，细细捋顺自己团队的情况，察觉缺少的因素。缺什么补什么——虽然办法很普通，但对营造和谐气氛却非常实用。

◎第二分钟　与下属一起营造气氛

团队和谐气氛的营造是一个管理者与下属互动的过程。失去了下属的回应，你再努力、再着急用处也不会太大。所以，在设计自己的管理方案时，你一定要把与下属的互动考虑在内。

◎第三分钟　不要强求，而要潜移默化地感染

和谐氛围是潜移默化地感染对方的。这就像你要与下属打成一片，应该找机会融合，而不是强迫他们共同组织某项活动一样。慢慢引导，用润物细无声的办法渐渐争取下属的认同，这样才能达到目的。否则就可能欲速则不达。

9. 只有30秒

卡耐基曾经说过："给他人留面子，是一件十分重要的事情。有些人却很少想到这一点，经常残酷地抹杀他人的感觉，又自以为是。比如，在他人面前批评一位小孩或员工，找差错，发出威胁，甚至不去考虑是否伤害到别人的自尊。"短短一句话就把肆意批评他人，尤其是批评下属的坏处说得清清楚楚。在面对那些难以相处的下属时，许多人都忍不住怒火冲天，这时，你就要想一想卡耐基的这句话了！

作为管理者，下属有错误就要批评，这仿佛是天经地义的事情。可是不知道你是否想过，这种批评也应有技巧。如果不能把握技巧，贸然批评甚至大声责备对方，那就很可能会受到来自对方的强烈反驳。如果这名下属本来就是不好相处的人，恐怕问题就更为严重了。当然，我们不是说不能批评下属，有问题不批评那就是纵容。但面对原本就不容易相处的下属，如何批评就成了关键。

有一位管理才能非常高超的老板，在他的公司里，所有人都是和睦相处，都是为了一个共同的目标努力。哪怕是那些在别人看来并不好相处的人也是如此。难道这位老板就不批评员工吗？他们之间就不爆发冲突吗？外人百思不得其解。

一次，在与老板进行交流时，一个老员工提出了这个问题。老板的回答令人很惊讶："我的秘诀只有30秒！"这个回答有些令人迷惑，短短的30秒与管理下属有什么关系？最后，老板给出了这样一个图示：

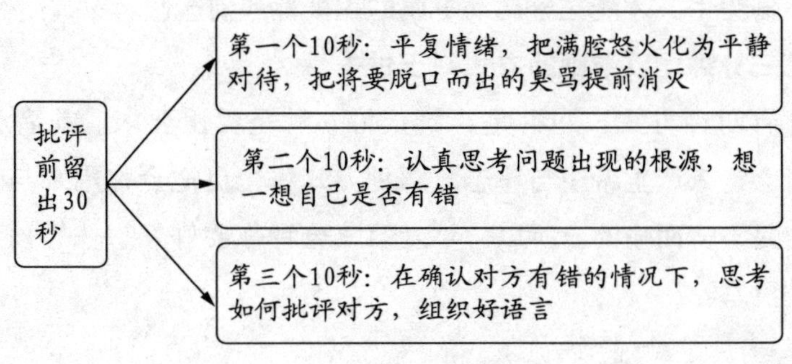

批评前停留30秒

在发现下属犯错误以后，老板都要先给自己留出30秒的时间进行冷静思考。他要用这些时间平息怒火，组织语言。所以，他的批评从来没有令人无法接受过，所有受批评的下属都表现出心悦诚服的态度。这就是老板能够管好那些桀骜不驯下属的秘诀。

短短30秒，看似不能做什么，实则彻底消除了以后可能出现的隐患。试想，如果我们不留这30秒来思考，而是马上不假思索大加训斥，最后结果会怎样呢？卡耐基说得好："如果经过一两分钟的思考，说一句或两句体谅的话，对他人的态度作宽大的了解，都可以减少对别人的伤害，保住他人的面子。"所以，如果你也遇到了这种情况，那么建议你最好也先给自己留下30秒。

早晨三分钟，我们一起来学习这些技巧。

◎第一分钟　让自己做一个能够冷静对待怒火的人

冷静是面对怒火与困难时最需要你保持的状态。一个能够保持冷静的人，才是一个能够最大限度发挥自己智力与能力的交际高手。如果你一发现下属犯错就马上怒火中烧，头脑发热，那么很快你就会发现你将失去所有下属的爱戴。哪怕是最好说话的下属，也会因此对你产生怨恨。早晨第一分钟，让我们一起来学会保持冷静，保持克制。

◎第二分钟　不妨先赞扬再批评

下属做一件事情，就算他失败了，也必然有值得表扬的方面。所以，我们在要批评他们以前，最好先想一想有什么地方是值得你赞扬的。因为只有以表扬为主，才能充分调动下属的积极性和创造性。

◎第三分钟　以鼓励的方式纠正过失

批评有两种方式：一种是指责；另一种是提出要求。前者会让人沮丧，后者会让人产生希望与斗志。两种方式哪个更适合你用来与难相处者打交道，是不言而喻的。所以，早晨第三分钟你要好好想一想该怎样用鼓励来代替责骂。

10. 找到共同信念

我们常常强调，好的管理者要把团队成员的信念引导、融合在一起，形成一个一致的整体。这种要求看似有些“虚”，但事实上它所起到的作用却不容忽视。先来看一个小故事：

有一个年轻的管理人员急于提高自己的管理水平，因为他发现自己无法与团队中那些不好相处者打成一片。团队显得非常松散，工作效率也不容乐观。他为此特地向一名管理学导师请教。

管理学导师在认真了解了年轻人的困境后，很快就找出了问题所在：他的团队没有共同的信念。虽然他的社交技巧很高明，但大家还是像一盘散沙。于是，管理学导师把年轻的管理者带到了一个小山坡上。这里刚下过雪，皑皑积雪铺满了山冈。

“你看，这里的雪是不是很脆弱？”导师指指脚下的雪问。时间已经到了初春，天气越来越暖和。毫无疑问，这里的雪马上就要化了。年轻人点点头。

“那现在呢？”说着，管理学导师把一捧雪攥在手里，弄了一个雪球，然后顺着山坡滚了下去。当雪球滚到山脚时，它已经成了一个紧紧抱成一团的庞然大物。

年轻的管理者恍然大悟。

对于一个公司或者一个团体来说，是否拥有一个共同的理念非常重要。就像故事里的雪，当它们平铺在山坡上时，阳光很容易就会把它们晒化，但当它们抱成一团以后，事情就发生了变化。一个团队中，之所以有那么多的难以相处者，就是因为他们之间没有共同的信念，每个人都有自己的想法和目的。有力不往一处使，自然就会出现纠纷，相互之间的关系也就难免有裂痕。

共同信念的作用有目共睹，可是人们对如何形成共同信念却有些迷惑，这主要是因为许多人对信念的认识略有不足。什么是信念？你要从三个方面来理解。

（1）信念的定义：信念就是指一个人坚信某种观点是正确的，并且以此支配自己行动的理念。比如，公司员工认为公司和个人的发展目标一致，这时他就会全力为公司发展而拼搏。

（2）信念的组成：它包括信念的内容和对自己的认知、管理。信念的内容是自己相信的观点的内容；而对自己的认知和管理则是坚信自己信念必然实现的基础，是对自己的信任和鼓励。

（3）信念的特征：信念一般具有稳定性和多样性。稳定性是针对一个个体而言的，因为信念一旦形成后就很难发生改变；多样性则是针对不同个体来说的。因为每一个个体都会有自己的信念。要想让一个团体发挥作用，就一定要想办法统一人们的信念。

理解了信念的具体内涵，我们就要对症下药，统一团队成员的信念。

早晨 3 分钟，我们来实现这一目标。

◎第一分钟　制定好你想让下属拥有的信念的内容

一个团队想发展好，就必须有自己的发展目标和计划。事实上，这个目标和计划就可以成为下属的信念内容。问题的关键是，你要把这个目标和内容与下属的自身需求结合起来。比如，引导下属为了公司发展而工作与逼迫下属为了你的利润而工作会产生完全不同的效果。所以早晨第一分钟，你要好好思考、设计这个信念的内容。

◎第二分钟　让下属对实现自己的信念和目标有信心

如何坚定下属的信念？不是让自己表现得多么坚强和乐观，而是让下属自己心里有这种向上的意识。你要通过各种途径，让下属认为你们一定能够实现目标。

◎第三分钟　针对不同个体，逐一解决思想难题

每一个个体都有差异，这也是团体成员信念很难统一的原因。所以，早晨第三分钟你要认真思考这些差异与你想实现目标之间的距离。发现了区别，你就能够找到消除这种区别的方法。这要求你对自己的团队成员有绝对的了解。

11. 将责任落实

管理难以相处者，为避免出现问题时互相推诿、指责，或者不能按时完成工作任务的情况，最好的办法就是将责任落实。将责任落实到某个人头上，可极大地调动他的工作积极性，发挥他的主观能动性，使他将工作干得更好，极大地提高工作效率。而且，一旦工作出现纰漏，也可以找到负责人，及时纠正错误。

著名的罗兰·贝格咨询公司的领导人罗兰·贝格坚持每天都把每一件需要自己和别人做的事情用录音机录下来，然后再让秘书打印出来并发放给相关人员。通常，罗兰·贝格每天会发出40～50个给不同人的“内部备忘”。同时，他会在每一份“内部备忘”上标明时间，到了这个时间，秘书就会把这个“内部备忘”重新放在罗兰·贝格的办公桌上。

这就是一种最有效的责任落实方法。其实，落实责任还有很多方法，如下图所示。

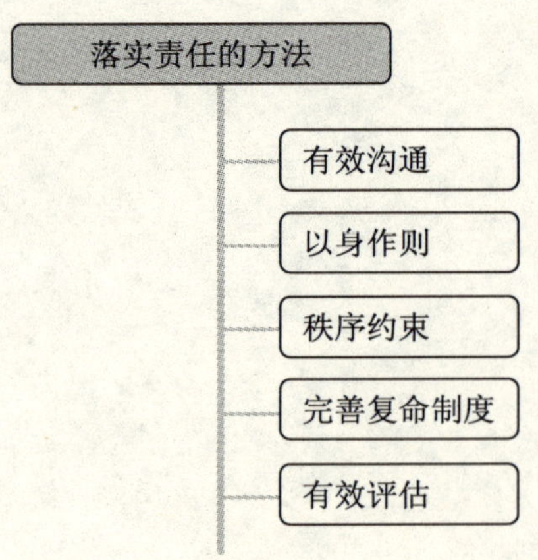

落实责任的方法

1）有效沟通

不充分、不到位的沟通是导致责任落实不力的重要原因。因为管理者需要从下属那里得到相关信息，如果沟通不利，再好的创意、想法都是空谈。

因此，作为一名管理人员，必须主动与下属沟通，交换意见，从而了解执行中存在的问题和他们真实的思想动态，并以一种平等的身份进行讨论，达成共识。只有实现了有效的沟通，计划才能得到顺畅的执行，进而实现预期的目标，使责任得到有效落实。

2）以身作则

管理者应以身作则，要高度重视每个出台的方案，凡是牵涉管理者的方面，管理者一定要做出表率，有效地激励和团结员工，共同实现目标。

管理者在责任落实中应注意以下问题。

（1）做事要专注，善于抓重点。

（2）日事日毕，日清日高。用时间给自己施加压力，及时完成任务。

3）秩序约束

用秩序约束自己和他人。例如，使工作条理化；把自己的工作任务清楚地写出来；运用化繁为简的工作方法，把复杂的问题简单化。

4）完善复命制度

制定并完善复命制度，监督员工落实责任。这既能激发复命者的工作激情，又能按约完成任务，一举两得。

实行复命制度时，需要让员工把握复命过程中的几个关键点，只有这样，才能做到及时复命、有效复命，更好地把责任落实到位。

（1）要明确自己该做什么。

（2）按照事情的轻重缓急分类执行、分类复命。

（3）复命时，要有所准备，语言要简洁、具体，使用数据和实例证明等。

另外，有效复命还要监督检查复命情况。你可以将复命内容写下来，尤其是复命要求的结果、时间、地点、责任人、监督人等一定要写清楚，可以对账，不能抵赖，不能推脱。这样，才能人人往前，不敢落后，实现高效复命。

检查后要及时催促，并且记录在案，更要让复命者知道检查结果已记录在案。如果催促无效，监督者要及时上报，绝不能听之任之。

5）有效的评估

有效的评估是增强员工责任落实力的重要手段。没有评估就没有标准，没有评估就没有结果，也就不可能有更好的落实效果。

前面，我们学习了一些落实责任的方法和技巧。接下来要做的就是加强落实责任的能力。

早晨3分钟，赶快开始将责任落实。

◎第一分钟　自我反省

回想自己最近一个星期的哪些工作得到了有效落实？哪些没有落实？分析没有落实的具体原因，并制订改进计划。

◎第二分钟　执行计划

执行自己制订的改进计划，并落实应该落实的责任。

◎第三分钟　自我检查

在每周五进行自我评估，评估改进计划的执行情况。并请自己的上级、同事或者下属检查自己是否兑现了承诺。

总之，责任落实就是将嘴上说的、纸上写的贯彻到实际行动当中，达到预期目标。落实责任的关键在于行动，落实的效果在于结果。

12. 自我定位

要做一名优秀的管理者，首先你要做好自我定位，找准自己在企业中的角色，你才能摆正位置，端正态度，与周围的人和睦相处。

2000 年，联想集团推行了多元化战略，在家用电脑业务之外，增加了网络服务和系统集成软件两大业务。

但是，联想实施多元化战略后，由于新业务与制造业相差很远，很多事情需要联想总裁杨元庆亲自协调，亲自做决定。由于事务过多，杨元庆也没有学会利用企划部决定事情，所以很多事情就被耽误了，导致联想赢利下滑，多元化战略失败。直到 2003 年年底，杨元庆重新自我定位，联想也随之调整战略，选择了国际化战略，并购了 IMB 个人电脑业务，成为世界第二大电脑公司。

从这个案例可以看出，管理者只有正确定位自我，认清自己的位置，才能更好地沟通。自我定位的主要意义在于明确自己在企业中所处的位置，按职业规范做好应做的事。自我定位主要是进行角色定位。

角色定位即认清自己的位置，正视自己。管理者在企业中所扮演的角色，主要由其所处的组织关系决定，如下图所示。

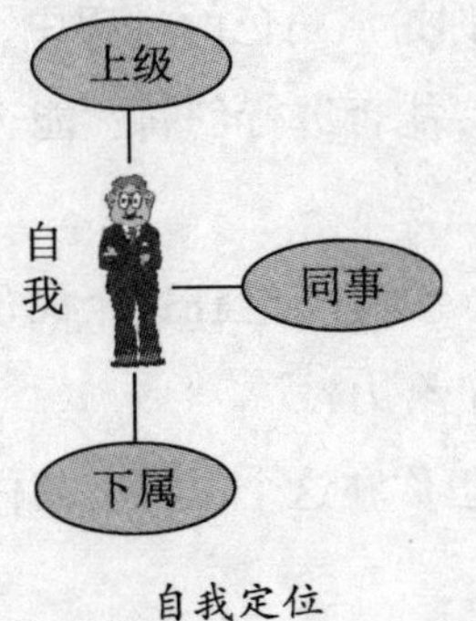

自我定位

管理者具体的角色定位，如下表所示。

角　色	说　明
下属	你是经营者的代表： （1）尊重他们，以委婉的提议、中肯的建议、虚心式的补充架起理解与信任的桥梁 （2）了解并熟悉上级的个性及沟通倾向特点 （3）欣赏他们 （4）理解他们的意图 （5）提升上级对你的依赖程度
上级	（1）规划者。规划部门的发展方向，确定下属的职责 （2）管理运营者。制订工作计划，分配任务，监督下属的工作 （3）沟通者。与下属员工以及其他人员保持适当的沟通和联系，以建立良好的人际关系网络 （4）团队领袖。了解员工的个性、特点和不足；了解员工的成长需求 （5）教练。善于带人做事，关注、关心员工的成长
同事	真诚合作： （1）以真诚合作的态度对待对方 （2）在充分考虑团队利益的基础上，从对方的角度考虑问题，然后再进一步做出决策 （3）信息沟通、共享 （4）协调、协作、协商、协助
自我	严于律己： （1）正确利用自己的时间，把握零散时间进行有效的工作 （2）注重贡献（工作的结果），而不是工作过程本身 （3）充分发挥他人之所长，不要只盯着别人的缺点 （4）优先处理要事

实际上，角色定位的主要目的是帮助管理者解决如下问题。

（1）希望的位置。在你扮演角色的过程中，你的希望如何？你对这个位置还有什么迫切的需要？能否进行创新？能否在你现在的这个位置上创造出更大的财富？

（2）位置的执行能力。你是否胜任这个岗位？是否为实现这个位置赋予你的权利、义务而做出了努力？

（3）位置的责任。反思你在这个位置上具体的责任和义务以及如何去承担这份责任和义务。

(4) 忍耐力。你在为完成你的工作、在你的角色定位前提之下、在承担职位职责的前提之下，是否能够“忍辱负重”？

(5) 职务行为与定位相配。你的职务行为和你的定位相匹配的过程，就是你在强化自己职务行为的执行力，反思自己职务行为的过程。

在自我定位整个过程中，自我角色管理最为重要。你可以按照管理大师杜拉克的建议，问自己5个问题，以做出最好的定位。

第一问：我的长处是什么？你可以向周围的人寻求反馈并加以分析，发现自己真正的长处，然后努力发展自己的长处。同时，找到那些妨碍了自己发挥长处的地方，把它们改掉。

第二问：我做事的方式是什么？是擅长团队合作，还是习惯单打独斗？是喜欢和平解决问题，还是习惯于批评指责？回答这些问题后，立刻采取相应的行动。

第三问：我的价值观是什么？人和企业都有自己的经营价值观，如果二者冲突，就难以发挥绩效。

第四问：我该去哪里工作？或者，不该去哪里工作？找一个适合自己的工作，或知道自己应该以怎样的方式做一项新工作。

第五问：我该贡献什么？这要考虑到三方面的因素：一是现实的要求；二是基于自己的长处、做事方式和价值观，怎样能作出最大贡献；三是会有什么样的结果。

回答完这些问题后，给自己一个恰当的定位，使自己能够更好的管理自己，并与那些难以相处者合作。

总之，自我定位，对于你的日常管理工作极为重要。那么，如何才能正确地自我定位呢？早晨3分钟，让我们一起来自我定位。

◎第一分钟　认识自己

反思自己的日常工作及管理行为，问自己文中叙述的五个问题，并加以分析。

◎第二分钟　了解职业

了解自己的职业职责，看看自己是否做了该职位应该做的事。

◎**第三分钟　付诸行动**

认识了自己和自己的职业之后，就要付诸相应的行动，而不是停留在口头上。

另外，自我定位还要注意防止两大错误，一是自高自大，过高估计自己的力量。另一个是认识不到自己的优势，一味自唾自弃，难以担当重任。只有正确进行自我分析和定位，你才能一步一步达到自己想达到的目标。

13. 协作出力量

一个人的力量总是有限的，你必须学会发挥团队力量，与他人互相协作共同解决问题。特别是在面对难以相处者时，更要想办法与其协作。你要记住协作永远是使自己受益也让别人受益的最好方法。懂得协作，你就能更好地与他人相处。

深井大最初是一位优秀的电子技术专家，他被索尼公司老板盛田昭夫邀请加盟索尼，让他全权负责新产品的研发工作。深井大知道，研发新产品要靠整个研发团队的共同努力，不能只靠自己一个人的力量。

于是，他找到市场部的同事一同探讨销路不畅的问题，市场部的同事建议他要在产品的轻便和价格上下工夫。然后他又找到信息部的同事了解情况。信息部的同事告诉了他一个关于晶体管生产技术的信息。

在研发过程中，他又和生产第一线的工人团结合作，终于一同攻克了一道道难关，在1954年试制成功日本最早的晶体管收音机，并成功地推向市场。索尼公司由此开始了企业发展的新纪元。

这就是与人协作的力量。管理难以相处者，你必须学会团结他人，引导其他人进行合作，或者引导他们团结在自己周围，完成一项共同的工作。那么，怎样才能做到这一点呢？右图所示为具体的注意事项。

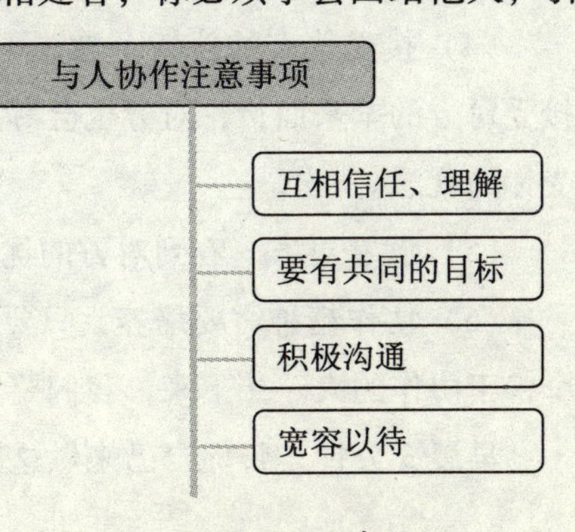

与人协作的注意事项

1）互相信任、理解

与难以相处的人协作，最重要的一点就是在协作过程中，相互信任、互相理解。尤其当对方的失误给共同的工作造成困难或损失的时候，应该给予其充分的理解与热情的鼓励，开诚布公地指出失误，实事求是地分析原因，心平气和地探讨对策，共同协作走出困境，而不是互相指责。

2）要有共同的目标

与人协作，要有一个共同的奋斗目标。只有目标清晰一致，才能形成一个合作和相互协调的工作环境。在这种环境下，才会产生积极的协同作用。

3）积极沟通

要协作共事，首先就要善于沟通、善于交流，通过情感、态度、思想、观点的交流，建立良好的协作关系，避免误会。

4）宽容以待

与难以相处的人协作，即使你不喜欢对方，你也要胸怀大度，互相谦让。否则，矛盾可能会越闹越大，最终受损失的是双方。

对此，你还要注意以下几点。

(1）忍让。不要因为不必要的争吵影响到双方的协作。

(2）主动接受对方。即使你们之间有矛盾，你也可以先伸出友好的手，主动接受对方，对方也会接受你。

(3）站在对方的角度考虑问题。这样，你才能体会他们的想法，从而修正自己的一些不正确的做法，有助于双方关系的改善。

(4）接受他人的独特个性。不要妄图改变人人都有其个性这个事实，接受对方的本来面目，对方也会尊重你的本来面目。切忌不要强迫别人接受你的观念。

(5）欣赏对方。看到对方的优点，多想想对方做对了的事。

(6）协作精神需要培养，只要你遵循以上原则和技巧，你就会变成一个善于协作的人。接下来，我们要做的就是培养与人协作的能力。

早晨3分钟，督促自己来做这些事，提升协作精神。

◎第一分钟　反思自己

反思自己的工作习惯，是喜欢协作共事，还是习惯于单打独斗？是否有过与他人协作的经历？结果如何？是否善于引导下属员工进行协作？

◎第二分钟　改进工作方法

改正错误的工作方法，充分运用团队及他人的力量，共同努力完成工作任务。

◎第三分钟　营造良好的协作环境

创造一个良好的协同合作的工作环境，将协作共事变成企业的一种管理文化。

总之，管理难以相处者，与其协作共同解决问题才是正道。任何时候，你都必须克服主观主义，应谦虚谨慎，主动征求他人意见以达成共识，从而形成共同协作努力的局面。

14. 留条后路

有一句古话是这样说的："利不可赚尽，福不可享尽，势不可用尽。"意思是为人处世要给自己、给他人留出一定的余地，千万不要把事情做绝，要时时处处为自己或者他人留下一个可回旋的空间，一旦走到绝处，还可以调头。实际上，给别人留条后路，也是给自己留了一条后路。

一位著名企业家演讲时，一位听众问："你在事业上取得了巨大成功，请问，对你来说，最重要的是什么？"企业家没有直接回答，他拿起粉笔在黑板上画了一个没有封口的圆。他反问道："这是什么？""零！""圈！""未完成的事业！""成功！"台下的听众七嘴八舌地答道。

他对这些回答未置可否："其实，这只是一个未画完整的句号。你们问我如何取得成功，原因很简单，我从不会把事情做得很圆满，就像画个句号，一定要留个'缺口'，让我的下属去填满它。"

给别人留点余地，并不说明你没有能力。实际上，这是一种管理智慧，是一种更高层次的圆满。

实际上，给人留条后路包括两方面内容，一是做事留条后路，一是说话要留有余地，如下图所示。

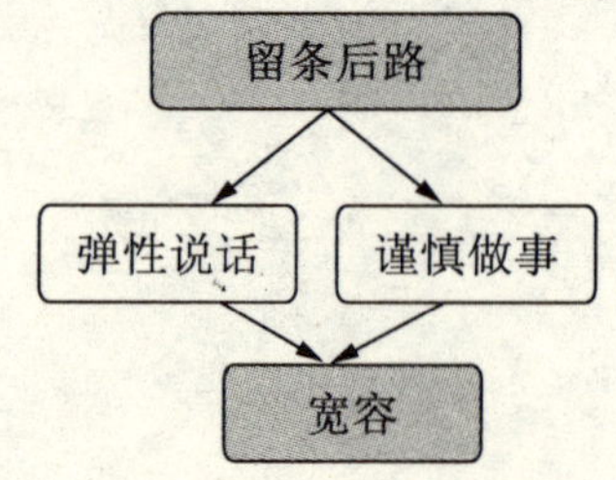

做到给人留条后路的方法

1）弹性说话

管理难以相处者，在说话方面，一定要注意不要说得太满，太绝对，要给对方留有余地，给对方保留面子，否则，他们将会更难缠。这一点，你要注意下表所示的几方面内容。

注意事项	说　明
说事理	要向对方说明事理，而不是用来“战斗”
点到为止	要反驳对方，保卫自己的意见时，点到为止即可，切莫让对方“无地自容”，换句话说，要给对方台阶下
得理要饶人	即使对方是错误的，你虽理直气壮，但也不必把对方骂得狗血淋头；或者穷追猛打，逼得对方走投无路，这有可能激起对方的反击
避免辩论	若你的观点有错，就要勇于认错，并接受对方的观点，切莫做无谓的辩论
说话不要太满	说话时，不要说得太绝对，否则会得不到别人的信任
不要口出恶言	尽量不要口出恶言，更不要说出“情断义绝”“势不两立”之类过激的话

说话多留点余地，这样做不仅仅是为对方考虑、对对方有益，更是为自己考虑、对自己有益。

2）谨慎做事

做事一定要留有余地。“不涸泽而渔，不焚林而猎”就是这个道理。做事留有余地，你才能给自己一个可以在危难时及时抽身的通道，给自己一个可以在失败后重新来过的机会。

当然，不论是弹性说话还是谨慎做事，都要以宽容为前提。总之，与难以相处者共事，必须学会留条后路。只有这样，你才能在沟通中审时度势，洞悉对方意图，体察自己处境，从而进退有节，左右逢源。

上面，我们了解了做事说话留有后路的一些技巧。接下来，要做的就是提升这种能力。

早晨3分钟，我们就来思考如何留条后路。

◎第一分钟　反思自己

反思一下，自己在说话做事方面是否给人留有余地？是否因为不留余地而伤害过他人？如何补救？

◎第二分钟　总结经验

总结委婉批评他人、委婉说话做事的技巧，并运用到实际管理中。

◎第三分钟　建立准则

给自己建立一条准则，随时提醒自己说话做事要留有余地。

总之，我们在说话做事时，一定要给人留点余地，否则，就极易出现剑拔弩张的局面，于人于已都没有好处。